애니메이션의 장르와 역사

차례

Contents

제1부 애니메이션이란

애니메이션 연구

요즘 '애니메이션(animation)'이라는 말을 모르는 사람은 거의 없다. 그러나 정작 애니메이션의 개념과 정의를 올바로 전달하려면 무척 난감해지곤 한다. 그만큼 애니메이션에 대한 일반의 이해와 이를 좀더 전문가답게 인식하려는 태도 사이에 편차가 크기 때문일 것이다.

전통적으로 애니메이션은 '프레임 촬영(일반 영화처럼 무비카메라를 자동으로 1초당 24프레임씩 돌아가게 찍지 않고, 보통 사진기를 이용한 촬영처럼 한컷 한컷 찍는 방식)을 통하여 그림이나 사물을 움직이는 것처럼 보이게 만드는 영화의 한 장르'로 알려져 왔다. 그러나 애니메이션은 만화(cartoon)에서 추상미술까지, 종이나 셀을 이용한 기법에서 모래나 점토를 이용한 기법까지, 인형영화에서 컴퓨터의 지원으로 만들어지는 특수효과 영화까지 거대하게 넓은 영역에 걸쳐 잡다한 내용이 망라된 범주를 가지고 있다.

이런 형식과 기법상의 다양성 때문에 애니메이션은 그저 독특한 성격의 영화로만 분류되어 왔고, 이론과 비평 분야에서 역시 주목받지 못했다. 여기에는 애니메이션을 어린이 대상의 오락물로 한정시켜 하위문화처럼 취급해 온 사회적 배경과 인식 또한 작용했다.

애니메이션에 대한 연구는 1960년대부터 폭발적으로 늘어난 서구의 영화연구 속에서도 변방에 속해 주목받지 못했다. 넓게 포진된 애니메이션의 이미지 소재와 기법(드로잉, 종이, 컷아웃, 셀, 점토, 플래스티신, 인형, 모래, 유리판, 컴퓨터, 핀 스크린 등)은 연구 영역을 설정하는 데에도 현기증이 날 정도로 방대하다. 이러한 애니메이션 이미지의 방대한 조형세계는 서로 절충될 수 없는 재료들과 익히기에도 벅찬 테크닉 등으로 일반인은 물론 전문가에게도 큰 압박으로 작용한 셈이다.

하위 예술매체로 겨우 그 명맥만을 유지해 온 애니메이션은 1980년대에 들어서면서 '학문'적인 관심의 대상으로 명예를 회복하기 시작한다. 애니메이션의 역사와 미래, 정의와 본질, 이론과 비평에 대한 선도적 연구도 서서히 자리를 잡게 되었다. 그러나 현대영화가 그렇듯이 애니메이션 또한 세련된 기교들이 서로 얽혀 점점 복잡해지고 있는 실정이다. 그렇기 때문에 애니메이션이라는 제작방식을 간단하게 정의한다는 것이 더 이상 가능할지는 의문이다. 애니메이션 작품의 이미지를 창조하는 방법도 너무 다양해졌기 때문에 이제는 한마디로 요약하는 것 자체가 무의미하다. 그렇다고 애니메이션 예술매체가 특징적으로 존재해 온 엄연한 사실을 무시할 수는 없다. 앞으로 우리가 다룰 애니메이션에 대한 지적과 발언은 현대 애니메이션의 본질에 접근하는 데, 나아가 미래의 애니메이션으로 향해해 나가는 데 여러 가지 시사점을 제공해 줄 것이다.

애니메이션은 프레임과 프레임 사이에 있다

애니메이션에 관한 말·말·말

"만약 물리적으로 실재하는 것(실존)을 보여주는 것이 실사 영화의 역할이라면, 애니메이션 영화는 형이상학적 실존과 관계된다. 즉, 사물이 어떻게 보이는가가 아니라 그것들이 의미하는 바가 무엇인지를 보여주는 것이다.(If it is the live-action film's job to present physical reality, animated film is concerned with metaphysical reality-not how things look, but what they mean)"

존 할라스 감독, 1949년

"영화로서 애니메이션의 순수원료는 움직임이다. 이때 조형적 형식은 필연적이다. 왜냐하면 이 형상들 없이는 우리가 움직임을 인지할 수 없기 때문이다……따라서 움직임을 '어떻게' 보여주느냐는 것이 애니메이션의 궁극적인 목적이다.(The raw material of motion picture animation is movement. Plastic form is necessary only because we cannot perceive movement without forms……The 'how' of movement is the real aim of animation)"

알렉산더 알렉세이에프 감독, 1972년

"여러 매체에서 변형이 많아지더라도 다양한 기술 중에서 다음 두 가지 요소가 서로 결합되어 있을 때, 애니메이션을 정의하는 기초로 활용할 수 있다. 그것은 ①한 프레임씩 차례로 기록(프레임 촬영)한 이미지로 구성되며, ②그렇게 기록된 것 자체가 아니라, 그것들이 움직임의 환영을 창출한다는 요소이다.(Two factors link these diverse media and their variations, and serve as the basis for a workable definition of animation : ①the imagery is recorded frame-by-frame and ②the illusion of motion is created, rather than recorded)"

찰스 솔로몬, 1988년

"애니메이션은 단일 프레임 촬영기술로 만든 영화이다.(The definition for animation is the technique of singleframe cinematography)"

에드워드 스몰, 유진 레빈슨, 1989년

"애니메이션은 움직이는 '그림을 다루는' 예술이 아니라, 그려진 '움직임을 다루는' 예술이다. 프레임(화면)에서 보이는 것보다는 각 프레임들 사이에서 일어나는 작업이 더 중요한 일이다. 따라서 애니메이션은 프레임과 프레임 사이에 있어서 사람들에게 보이지 않는 '틈(사이)'을 조작하는 예술이다. (여기에서 움직임이 나오는 까닭에) 이 틈이 바로 그 작품의 뼈이자 살이며 피다. 대신 각 프레임 안에 있는 것은 단지 겉옷일 뿐이다.(Animation is not the art of drawings that move, but the art of movements that are drawn. What happens between each frame is more important than what exists on each frame. Animation is therefore the art of manipulating the invisible interstices that lie between frames. The interstices are the bones, flesh and blood of the movie, what is on each frame, merely the clothing)"

노만 맥래런, 1995년

애니메이션(animation)이란 단어를 영어사전에서 찾아보면,

①생기, 활기, 활발 ②활기를 띠게 하기, 고무, 영감을 불어넣기

:

⑥동화(動畵, animated cartoon), 애니메이션 ('시사엘리트영한대사전'에서)

등으로 풀이되어 있다. 마지막에 가서야 우리가 흔히 알고 있는 예술매체이자 학문인 '애니메이션'을 지칭하고 있다. 사전적 풀이에 '생기'와 '활력을 불어넣어 주다'는 의미가 앞서는 사실이야말로 이미 '애니메이션'의 핵심을 드러내는 것이라고 할 수 있다. 움직이지 않는 그림에, 고정되어 있는 사물에 '생명'을 불어넣는 작업이라는 것을 암시하지 않는가?

프레임들 사이(틈)에서의 작업

애니메이션을 본질적으로 특징짓는 제작방식은 우선 '한 프레임씩(frame by frame) 촬영한다는 것'이다. 여기서 '촬영'이라는 말에 너무 집착할 필요는 없다. 무엇을 촬영한다고 하는 것은 카메라 따위로 그 이미지를 포착하여 기록한다는 뜻으로 받아들이면 된다. 중요한 것은 낱장 낱장으로 그 이미지를 모은다는 의미에 담겨있다. 컴퓨터로 애니메이션을 제작한다고 할 때, 우리는 촬영이라는 행위 없이도 각각의 이미지를 스캐너로 입력하거나 모니터에 직접 그리는 작업으로 이미지들을 생성하지 않는가? 그러나 이 이미지들만으로 애니메이션은 완성되지 못한다. 일정한 기술이나 테크닉을 가동하더라도, 이 이미지들이 결합하여 궁극적으로 '움직임의 환상(the illusion of movement)'을 창조할 때 비로소 우리는 '애니메이션'을 얻게 되는 것이다. 이것이 애니메이션을 일반 극영화(live-action film)와 구별되도록 하는 기본적인 차이점이다.

즉, 애니메이션은 종이나 셀 위에 그리든, 입체로 만들든, 컴퓨터로 작업하든, 모두 정지동작(stop-motion)의 이미지로 나타나는 1차적인 제작과정이 선행된다. 이 과정은 미술작업에 가깝다고 할 수 있다. 다만 이 정지동작의 그림(이미지)들은 다음 단계의 작업을 전제로 만들어진다. 다음 단계란 이렇게 모아진 각각의 1차 시각자료들, 즉 정지된 영상(one-frame)을 서로 이어서 동영상으로 옮기는 2차 제작과정을 말한다. 촬영 행위라든가, 스캐너로 입력받은 이미지들을 정리하는 식의 작업이다. 이를 실행하는 과정에서 우리는 한 프레임과 한 프레임 사이에 많은 일이 벌어진다는 사실을 알아야 한다. 관객의 눈에는 직접 보이지 않는 애니메이터들의 고된 작업이 이 과정에 숨어있는 것이다.

예를 들어 인형 애니메이션의 제작과정을 살펴보자. 먼저 관절을 움직일 수 있는 인형 캐릭터와 세트를 만든다(1차 제작과정). 촬영 준비를 마친 애니메이터는 인형이 정지된 자세를 취하게 한다. 이때 카메라는 한 프레임만 촬영한다. 애니메이터는 조금 진척된 자세로 인형의 관절을 움직여 놓는다. 카메라는 또 한 프레임을 찍는다. 다시 인형을 조금 더 움직여 놓고, 조명을 약간 손볼 수도 있다. 그리고 다시 한 프레임 촬영하는 방식으로 프레임 촬영(2차 제작과정)이 진행된다. 우리는 프레임과 프레임 사이에서 쉴 틈 없이 인형 캐릭터와 카메라 사이를 오가는 애니메이터의 숨결을 느낄 수 있다. 물론 인형의 한 동작은 움직임의 여백을 위해 두 프레임도 좋고 여섯,

열 프레임도 한 번에 촬영될 수 있다. 그러나 이 경우에도 프레임 촬영이라는 기본은 지켜진다. 셀 애니메이션의 경우에는 정지된 동작으로 그려진 일련의 그림이 미리 제작(1차)되고 나서, 프레임 촬영을 하는(2차) 차이가 있을 뿐이다. 컴퓨터 애니메이션에서도 같은 일이 벌어진다. 다만, 2차 작업이 '프리미어' 등과 같은 프로그램을 통해서 이루어질 뿐이다.

자, 이제 이미지들이 차례로 모아졌다. 포획한 이미지들이 매체(media)에 실린 것이다. 우리는 또 다른 기계장치를 거쳐 스크린이나 모니터로부터 그렇게 집적된 이미지들을 한꺼번에 보게 된다. '움직임의 환상'을 체험하는 것이다. 단지 생명 없는 낱장 이미지의 단순한 변화나 전이가 아닌 무엇! 진정한 애니메이션은 움직임의 생동감이 실재하는 것이어야 한다.

애니메이션에서는 낱장의 그림(이미지)이 아무리 예술적으로 뛰어나더라도 분리된 하나의 그림으로 독립되는 것을 포기한다. 각각의 그림은 연속적으로 움직이는 영상(moving image)의 큰 흐름에 종속된다. 이 움직이는 영상만이 애니메이션의 주요 문제가 되는 것이다. 프레임과 프레임 사이에서 관객들에게는 보이지 않게 분주했던 애니메이터의 고된 작업은 바로 이 순간을 빛내기 위해 투자되었던 것이다. '애니메이션'의 본질적 특징은 생동감을 예약하는 이러한 애니메이터의 손길을 거쳐 탄생한다.

제2부 애니메이션의 역사

애니메이션과 영상 이미지

애니메이션이란 무엇일까 혹은 애니메이션이라는 것이 어떻게 생겨났을까 하는 의문을 풀어보려면, 먼저 이제까지 애니메이션이 걸어 온 역사를 돌아보아야 한다.

애니메이션의 역사는 곧 현대영화가 걸어 온 길이자, '영상 이미지'가 오늘날의 모습을 하고 있는 까닭을 찾아가는 길이다. 현대의 '영화'나 '영상 이미지'는 많은 발전 경로를 따라 오늘에 이르렀다. 거기에는 과학의 성숙과 기계문명의 도움이 절대적으로 필요했다. 현실에서 벌어지는 일상적인 모습이 영화·영상이라는 형식으로 재현되는 것은 물론, 그 일상보다 더 넓은 꿈과 환상이 제시되기 위해서는 일정한 수준에 도달한 기술을 필요로 하기 때문이다. 카메라나 영사기, 모니터 장치

등이 그것을 가능하게 해주었다. 애니메이션도 마찬가지이다. 따라서 애니메이션의 역사는 기술(테크놀로지)의 발전과 결합된 이미지 생산의 역사라고 할 수 있다.

한 예로, 우리는 그러한 테크놀로지 중의 하나인 컴퓨터와 결합된 멀티미디어가 종횡무진 활약하고 있는 시대에 살고 있다. 미술, 만화, 영화, TV, 게임 등이 서로 다층적으로 결합(media-mix)하면서 출현한 다양한 영상 이미지에 나날이 놀라워하고 있다. 인터넷과 고용량 개인 컴퓨터의 등장으로 우리는 이제 삶 자체가 바뀌어 가는 것을 실감하며 즐기고 있다. 광고 문구처럼 뉴 미디어 시대가 생활을 바꾸고 정신을 변화시키는 것이다.

이 상황을 그대로 과거로 가져가도 같은 일이 벌어질 것이다. 가령 '종이'라는 매체(뉴 미디어)가 등장했던 당시로 돌아가 보자. 당시에도 우리가 오늘날 새로운 영상 이미지의 홍수에 빠져드는 것 이상의 사회적·문화적·정신적 충격과 변화가 넘쳐났을 것이 분명하다.

애니메이션의 역사도 이렇게 추적할 수 있다. 역사 속의 한 시점으로 돌아가서 당대의 이미지 생산방식이 무엇이었나를 살펴보자는 것이다. 그 시대의 '뉴 미디어'(새로운 매체기술)는 무엇이었고, 그 테크놀로지의 한계 안에서 사람들이 어떻게 애니메이션을 만들어내고 즐겼는지를 짐작할 수 있기 때문이다.

결국 우리는 애니메이션을 구축하는 '이미지'의 생산방식이 어떻게 변천하였는지를 추적하면서, 그때마다 인류가 어떻게 애니메이션(애니메이션의 정신, 본질)을 향유하였나를 기록·확인할 수 있을 것이다.

'이미지=영상 이미지'

'이미지'란 무엇일까? 또, 어떻게 구성되어 있을까?

"멍멍." 개는 이렇게 짖어 위험을 알린다. 동물에게는 의사소통(커뮤니케이션)의 수단이 소리이다. 언어라는 고도의 의사소통 수단을 갖기 전까지는 인류도 마찬가지였다. 인간이 내는 소리가 오랜 역사를 거치면서 세련되게 다듬어진 것이 언어(말)인 것이다. 이 소리의 세계에 인간의 감성과 이성을 불어넣은 게 무엇인가? 바로 음악이다.

이처럼 체계화된 인간의 소리는 음악이 그랬던 것처럼 문자로 정착되어 왔다. 초기 인류의 문자 중에 하나인 이집트의 상형문자는 이미지, 그 자체였다. 이것이 차츰 개념화되면서 문자(글)가 된다. '사과'(문자)는 이미지로서의 '사과'(실제)를 떠올리게 한다. 그런데 그것은 구체적이지 않다. 그것이 '빨간' 사과인지, '벌레 먹은' 사과인지는 알 수가 없다. 그렇다면 꼭 집어서 'OOO한 사과'로 전달하려면 어떻게 해야 하는가? 미술이 필요해진다. 그려서 보여주면 확실해진다. 여기에 소리까지 첨가되면 완벽한 커뮤니케이션이 된다. 영화가 현대의 이미지가 되는 것은 이 때문이다! 그래서 현대의 이미지(image)는 '소리+그림'(소리를 포함한 영상 이미지)이 되며, 그

구체적인 이미지 포착과 재현을 위한 작업, 즉 커뮤니케이션 영역을 확장해 온 역사가 곧 이미지의 역사가 되는 것이다.

애니메이션의 시작, 플립 북

애니메이션은 영상 이미지의 발전단계에서 보여 온 것 이상으로 기술적 진보와 한 몸을 이루는 예술매체이다. 사실 움직이는 이미지(결국 애니메이션)를 눈앞에 생생하게 재현하고자 했던 인류의 역사는 그에 상응하는 기술 발전의 역사이기도 하다.

따라서 '영화'라는 메커니즘의 탄생 이전(우리는 영화가 탄생한 1895년을 중심으로 현대까지를 cinema시대, 그 이전 시대를

플립 북(『윈저 맥케이의 애니메이션 강의 No.1』(1919)에서).

pre-cinema시대로 구분하여 부를 수 있다)에도 인류는 그 당대의 기술이 허용하는 만큼의 애니메이션을 즐길 수 있었다. 이것은 우리 자신들의 성장기에도 그대로 적용된다. 그 단적인 예가 어린 시절에 교과서에 장난치며 즐겼던 플립 북(flip book, 낱장마다 각 동작의 연속적인 그림이 그려진 종이 묶음으로, 이것을 손으로 퉁겨보면 그 낱장의 그림들이 움직이는 것처럼 보인다)이다.

아래 정리된 표는 플립 북을 통해서 우리가 경험할 수 있는 짧은 움직임의 전개 과정이 곧 영화라는 기술 메커니즘의 등장 이전에도 애니메이션을 생성할 수 있다는 사실을 잘 보여준다. 플립 북을 손가락으로 퉁겨 봄으로써 우리가 볼 수 있었던 생생한 움직임이야말로 오늘날의 애니메이션을 가능하게 한 기초였던 것이다.

플립 북의 전개 과정과 애니메이션의 생성 과정의 비교

교과서 구석에 그린 작은 원들	→	정지된 이미지 =1차적 기초 재료
+		+
손가락으로 퉁겨보는 행위	→	(당시에 허용되었던) 이미지 가공기술
↓		↓
(위 행위의 결과) 짧은 움직임 경험 (=애니메이션의 기초)		

프리 시네마(pre-cinema) 시대

인류 역사에서 19세기는 움직임의 재현 기술과 관련하여 아주 중요한 시기이다. 즉, 영화가 탄생되면서 인류는 엄청나게 길었던 프리 시네마(pre-cinema)의 시대를 마감하고 시네마(cinema)의 시대로 넘어가게 된 것이다. 그러나 인류는 수천 년간 지속된 프리 시네마 시대에도 생생한 움직임을 눈앞에 재현했었다. 그 몇 가지 예로, 알타미라 동굴벽화의 그림, 그리스 시대의 조각상, 중세시대의 만화경(매직랜턴) 등이 있다.

알타미라 동굴벽화

원시시대에 이 그림을 그렸던 사람은 누구일까? 아마도 그

알타미라 동굴벽화(약 1만 1,000~1만 7,000년 전).

는 당대의 화가였을 것이고, 이미지 메이커(image maker)였음에 분명하며, 아마 주술사의 역할을 했을 수도 있다. 혹은 당대로서는 가장 첨단의 그림을 그리려했다는 의미에서 당대의 모더니스트(modernist)라고도 할 수 있다. 그런 그가 가장 생동하는 그림을 얻기 위해 어떤 노력들을 기울였을까?

우선 다리를 주목해 보라. 다리가 몇 개로 그려졌는가? 왜 당대의 동굴 화가, 당대의 이미지 메이커, 당대의 모더니스트가 이 동물을 묘사하는 데 8개나 되는 다리가 필요했을까?

아마도 이 그림에는 원시시대였던 당대의 가장 모던한 기술이 작동했을 것이다. 무엇을 위해? 바로 현실의 생동감 있는 재현을 위해서이다. 사냥할 바로 그 동물 그대로의 모습을 눈앞에 재현해 내려는 노력이 바로 애니메이팅된 것이다. 알타미라 동굴벽화는 어두컴컴한 동굴 안에서 횃불에 의지하여 동물의 지방분과 재를 섞어 쓸 수밖에 없었던 당대 최첨단의 기술이 동원되어 표현된 결과였다.

이러한 기본적인 노력은 현대의 「환타지아 2000」 혹은 「슈렉」 「매트릭스」(영화)까지 이어진다. 어쩌면 인간은 호모 사피엔스(생각하는 인간)이면서 동시에 호모 환타지아(환상을 찾는 인간)의 본성, 즉 현실의 움직임을 똑같은 동작으로 표현해내고자 하는 호기심과 욕구를 품고서 미래의 '애니메이션'과 밀착되어 왔는지도 모른다.

영화가 탄생하기 이전의 프리 시네마 시대부터 뉴 미디어 영상으로 증폭되는 현대까지 인류는 현실감의 재현(moving image)에 대한 호기심을 채우려는 본능을 어떤 '방식'으로든 해소해 왔다. 다시 돌아보아도 그 어떤 '방식'의 기본(구체적인 이미지를 포착하고, 이를 '움직이는 환상'으로 재현하는 작업)이 결국 애니메이션이었음을 누구도 부정할 수 없을 것이다.

그리스 조각 '원반 던지는 사람'의 포즈

여러 가지 자세가 나올 수 있는 원반경기에서 당대의 조각가는 오른쪽 사진과 같은 포즈를 택했다. 왜일까? 과연 어떤 자세를 포착하여야 원반 선수의 움직임을 생동감 있게 느낄 수 있을까?

이 역시 애니메이션의 기초에 해당하는 생각과 기술이 결합되어야 가능하다. 당신이 관람객이었다면, 그 조각상 앞에서 어떤 환상을 목

원반 던지는 사람(Discobolos), 미론(Myron)에 의해 만들어진 조각상, B.C.450년. 사진은 로마의 Museo Nazionale Romano 소장품.

격할 수 있을 것이다. 움직임의 재현이 극적으로 고양된 순간의 포착! 당대의 조각 기술이 허용한 한계의 극점에서 이런 작품의 탄생이 가능했던 것이며, 그것이 바로 당대가 허용한 애니메이션(생동감)이었던 것이다.

르네상스 시대의 미술

아래의 목판화는 1538년, 독일 예술가 알브레히트 뒤러가 바둑판 무늬(격자형)의 창(선투사 기록장치)을 통해 여인을 보면서 그림을 그리고 있는 장면이다. 원 안에는 같은 비율로 옮겨진 여인의 그림을 볼 수 있다. 이 그림은 르네상스 시대의 화가들이 행한 원근법의 기초, 즉 3차원 형상에 대한 이미지 구성의 틀을 마련하고자 했던 노력을 보여준다. 이제 인류는 현실 세계(3차원)에서 보는 것과 같은 생생한 이미지를 평면(2

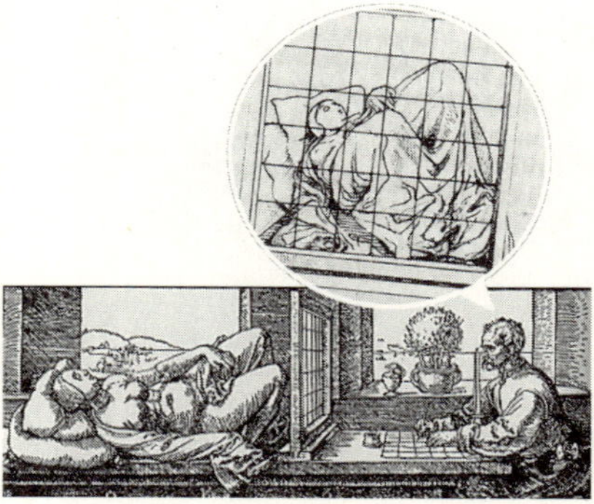

독일 예술가 알브레히트 뒤러의 선투사기록장치(ray tracing).

차원, 곧 스크린)으로 옮기는 방식에 눈을 뜨게 된 것이다.

이러한 측량과 그림 표현의 원리는 새로운 매체가 등장할 때마다 되풀이된다. 가령, 컴퓨터(당대가 허용한 기술)가 처음 등장해서 3차원의 형상을 그려내는 작업을 할 때도 거의 동일한 원리를 차용하고 있다는 것을 알 수 있다. 이 그림의 장치와 원리는 그대로 현대 CG작업(모델링 중 3차원 레이저 스캔 방식과 같은)의 모태로 쓰였다.

15세기 당시 기초과학인 수학의 발전과 그의 응용작업들이 알려지면서 현실을 보이는 대로 재현하려는 기술은 점차 고도화된다. 르네상스 화가 알베르티는 기본적인 미술적 감성에도 이성적인 관찰력이 필요하다는 것을 작품으로 증명한 바 있다.

특히, 레오나르도 다빈치의 노력은 미술 작업(이미지를 생생하게 재현하는)에도 기하학과 수학의 방대한 지식이 필수라는 것을 보여준다. 이제부터 광범위하게 파생되기 시작하는 기술적 진보는 이미지 생산에 거의 절대적인 영향을 끼친다.

그러나 새롭게 등장하는 기술 및 미디어들의 기능(가령, 16세기 지오반니의 카메라 옵스큐라(camera obscura) 등)이란 것도 사실은 복잡한 것이 아니다. 르네상스의 인류가 행했던 시지각(視知覺)에 관한 과학적인 인식과 방법, 그 토대가 형성된 과정을 이해한다면, 새롭다는 막연한 경외감에서 벗어날 수 있기 때문이다. 르네상스 시대의 화가들 역시 인간존재 외부의 세계에 대한 이미지를 정교하게 재현할 수 있는 이성의 토대가 성숙되어 가는 것을 즐겼음이 분명하다.

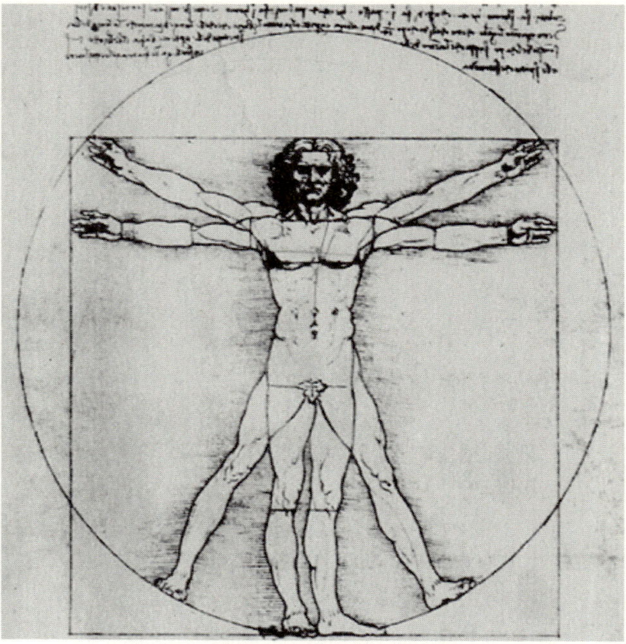

레오나르도 다빈치(1450~1519)의 인체비례를 연구한 그림.

17, 18세기에 집중된 이미지 생산을 위한 틀

17세기 갈릴레이, 데카르트, 뉴턴 등의 과학자들은 기계론적 세계관을 확립하는 데 기여한다. 18세기에 이르면 신의 자손이기 때문에 손댈 수도 없었던 인간의 육신(인간존재 내부, 즉 인체의 구조 등)에 대한 철저한 탐구가 이루어져 시지각에 대한 과학적인 접근 방법이 축적된다.

그 한 가지 예를 우리는 키르허의 논문(1671년판) 빛과 그림자의 위대한 예술 에서 찾아볼 수 있다. 그 책에서 그는 카메라 옵스큐라의 원리를 이용한 환등기의 모습을 설명하고 있다. 당시 카메라 옵스큐라는 일종의 마법처럼 인식되었지만 사실은 이중으로 된 상자 안에서 촛불을 광원으로 하여 투명한 종이에 그려진 화상을 커다란 상자의 벽에 맺히도록 한 장치였다고 한다.

이러한 환등 기술은 계속적인 개량을 거쳐 18~19세기가 되면 일반 가정에까지 보급되기도 하였다. 특히 1736년, 네덜란드의 과학자 피에테르 무쉔브렉(Pieter Van Musschenbroek)은 일련의 슬라이드를 영사하기 위한 장치로 발전시켰다. 이 기계는 (움직이는) 풍차처럼 작동하였고, 후에 매직랜턴(magic lantern)으로 명명되었다.

이 무렵이 되면 빛에 대한 물리적인 지식과 이미지를 고착시켜 낼 수 있는 화학적 분야의 토대가 마련되고, 결국 사진(매체라는 차원에서)이 등장하게 되는 조건이 형성된다. 현실 이미지의 재현이라는 조건을 위해 당대의 과학자들은 매직랜턴과 같은 장치들을 만들어내 인류에게 사진의 시대를 선사하게 되는 것이다.

사진의 등장

1827년, 프랑스 석판 기술자이자 발명가 조세프 니엡스

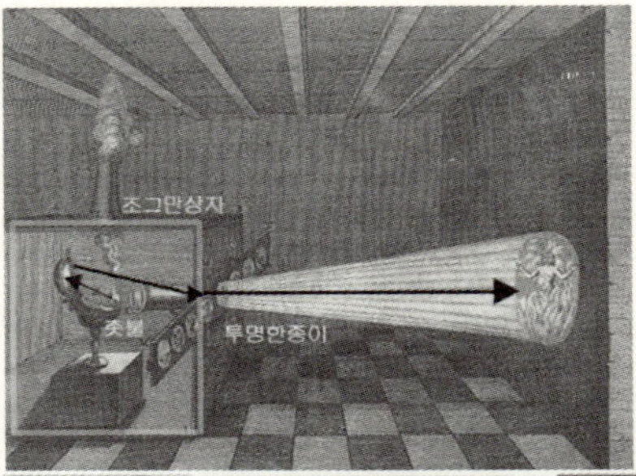

◀ 키르허의 논문에 실린 환등의 원리 설명.

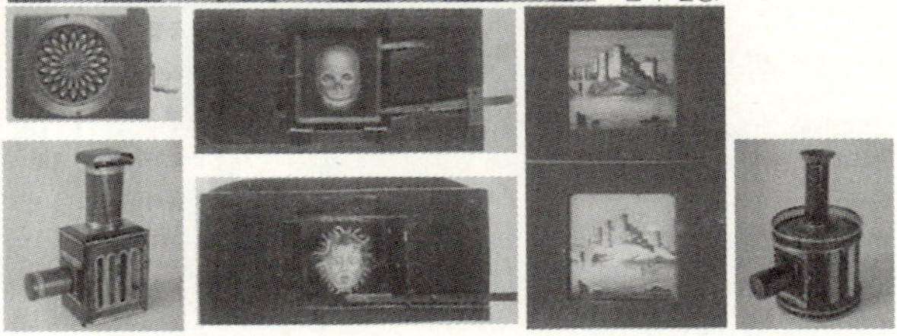

▲ 매직랜턴의 다양한 모습들.

(Joseph N. Niepce)는 세계 최초로 현실의 사실적인 재현을 위한 사진술을 선보이게 된다. 처음에 그는 석판을 사용했지만, 보다 효과적인 수단인 잘 연마된 납과 주석의 합금판을 사용해 이미지를 고정시킬 수 있었다. 마침내 그는 1827년 여름 르 그라스에 있는 그의 집 창문에서 내다본 풍경을 8시간이나 빛에 노출시켜 찍은 최고(最古)의 사진을 제작하게 된다.

그리고 1839년 8월 19일, 프랑스의 풍경화가 다게르(Jacque-Mandet Daguerre)의 사진술이 국가적으로 공인되어 사람들은 이 날을 사진의 탄생일로 적고 있다. 그의 사진술을 일컬어 '다게레오 타입'이라 하며, 이미지를 고정시키는 물질로 은을

니엡스가 찍은 최초의 사진, 헬리오그라피.

사용하기 때문에 '은판 사진'이라고 부르기도 한다. 산업혁명과 함께 이 시대의 인류가 보인 과학에 대한 관심과 기술의 축적은 다양한 기계적 메커니즘이 새롭게 등장할 수 있었던 여건이었다. 이러한 기계(틀)의 도움으로 인류는 그간 공포의 대상이었던 자연에 대해 더 이상의 주저함을 벗어 던지게 된다. 과학지식의 발전, 기계의 개량과 발전으로 인류는 삶의 공간과 시간문제에 개입할 수 있는 길을 터놓을 수 있게 된 것이다.

이제 기계의 도움을 받아 인류는 이동이 자유로워진다. 증기를 활용한 기계(범선, 기차, 자동차 등)에 의해 자유로운 여행이 일상화되며, 그 범위가 전 지구적 차원으로까지 확대된 것이다. 그것은 이스라엘 민족이 겪었던 험난한 엑소더스(대장정) 이상의 변화의 물결이었다.

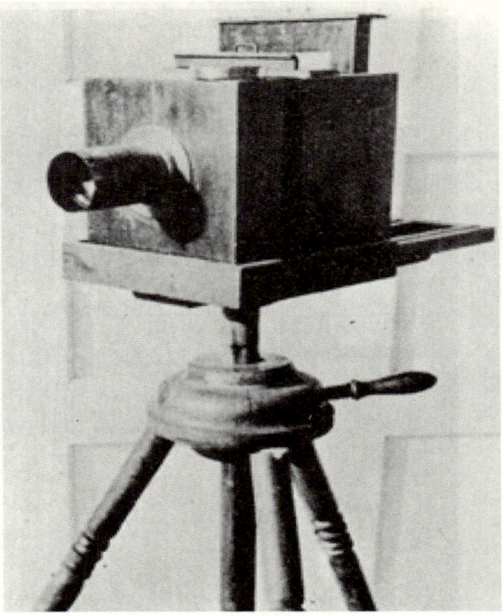

초기의 다게레오 타입 카메라(1845년경).

그러나 이 변화의 바람이 곧바로 우리가 앞서 말한 이미지들의 생산과 전달이 가능한 세상으로 이어지는 것은 아니었다. 오늘날 영화에서 보여주는 것과 같은 '이미지의 자유로운 여정'에 이르는 길은 여전히 막혀 있었다. 그 첫 장애물은 기존의 회화 이미지(화가)였다. 그동안 회화가 담당해 왔던 사회적·문화적 권위는 아직 건재했기 때문이다.

또 다른 장애는 새롭게 등장하는 '현실을 재현하는 사진과 같은 이미지'(아직 오늘날의 '사진'이 아니다)에 대한 기득권층의 인식과 태도였다. 산업혁명이 가져 온 혜택이 당대의 기득권층인 신흥 부르주아 계급에 독점된 것과 마찬가지로 사진

이미지를 향유한 계층도 우선 그들이었다. 초기 사진은 비용이 대단히 비쌌고, 그 속에서 상품적 가치를 평가했던 당시의 기득권층의 인식과 태도에 따라 새로운 이미지의 사회적 영향력이 결정되었던 것이다. 즉, 대중들에게 전파되는 이미지들의 생산과 이동이 아니라, 아직은 유한계급의 호사 취미 정도로만 머물렀던 것이다.

사진의 시대와 애니메이션

사진의 시대가 도래했다는 것은 영상 이미지 시대가 시작되었다는 의미이며, 현실 이미지의 재현 가능성이 높아졌다는 것을 의미한다. 이는 빛과 이미지를 결합시킬 수 있는 과학의 뒷받침이 있었고, '사진'이라는 영상(image)기록 매체를 수용할 수 있는 사회·문화적 여건이 조성되었기 때문으로 풀이할 수 있다. 초기 기존 회화의 그늘에 눌려 귀족층의 유복한 놀이 방식(초상화 같은 회화의 귀족 이미지를 사진으로 복제하는 수준)이었을 뿐이었던 '사진'을 둘러싼 환경에 변화가 일어나게 된 것이다. 즉, 19세기 말엽부터 사진 산업의 구조 변화, 가격인하 환경 등이 자연적으로 나타났으며, 그렇게 사진매체의 대중매체로의 편입은 화려하게 전개되었다.

그리고 1869년 미국의 하이어트 형제가 셀룰로이드를 발명하게 되자, 그동안 종이 위에 현상되던 사진 이미지는 보다 견고한 셀룰로이드 위에 영구 보존될 수 있는 이미지로 기록할 수 있게 되었다. 1886년에는 이스트먼(Eastman Kodak Company)이 이것을 공업화하는 데 성공한다. 현재의 사진 모습이 완성되는 순간이다.

움직이는 그림의 재현

사진이 대중매체로 편입되는 과정은 애니메이션의 역사에서도 중요한 의미를 갖는다. 이미 애니메이션은 인류의 길고 긴 프리 시네마 시대의 끝 무렵에서 그림을 움직인다는 차원에 도달해 있었다. 1830년 말 사진(현실의 재현 이미지)적 시각을 얻으면서, 즉 '사진'이 시대의 새로운 이미지 생산 방식으로 등장하면서 '움직이는 그림'(당대의 애니메이션)은 사진 산업의 환경 변화와 함께 바뀌게 된다.

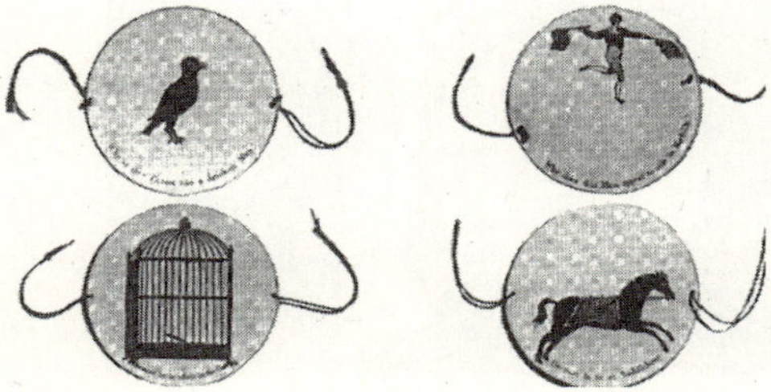

타우마트로프
(Thaumatrope).

몇 가지 예를 들어보면, 우선 1826년 영국의 의사 존 파리스(John A. Paris)가 만든 타우마트로프(Thaumatrope)가 잔상효과를 이용한 최초의 광학적인 완구로 기록되고 있다. 다만, 이것은 움직임을 재현하는 도구가 아닌 잔상효과의 지각을 설명하는 데 유용한 장치이다.

1829년(혹은 1832년)에는 벨기에 화가이자 과학자 조세프 플라토가 개발한 페나키스티스코프(Phenakistiscope)도 등장하였다. 이 기계는 '시각의 지속성' 원리에 입각하여 16개의 일련의 그림이 돌아가는 원반으로 구성되어 잔상효과에 의한 그림의 초보적인 움직임을 관찰할 수 있었다.

1834년에 영국의 수학자 윌리엄 호너(William G. Horner)가 제작한 조에트로프(Zoetrope) 역시 움직이는 그림을 위한 중요한 발전을 보여주었다. 그것은 페나키스티스코프의 영향을 받아 만들어졌으며, 일련의 연속 그림을 원통형의 안쪽에 넣어 그 시각적 움직임을 관찰할 수 있는 장치이다.

페나키스티스코프(Phenakistiscope 또는 Phenakistoscope).

마이브리지와 마레의 공헌

1842년 폭스 탤보트가 사진의 보급과 공업화에 성공하자, 당대의 사람들은 현실에서 일어나는 여러 가지 운동을 기록하려는 활동을 왕성하게 벌인다. 결국 마이브리지(Edward J. Muybridge)가 24대의 사진기로 말의 움직임을 담은 연속사진을 발표(1878년)함으로써 움직이는 이미지의 생산틀을 마련하게 된다.

조에트로프(Zoetrope 또는 Zootrope).

또한 1881년 프랑스의 생리학자 마레(Etienne J. Marey)가 사진총(Fusil Photographique)이라고 불린 카메라를 개발한다. 그 카메라는 5/100초의 속도로 갈매기가 나는 모습을 촬영할 수 있었다. 이런 기록장치는 계속 개량되어 1초에 25장을 연속해서 찍는 데 성공하게 된다. 마이브리지가 24대의 사진기를 동원한 것이나 마레의 25장 프레임이 등장한 것은 의미심장하다. 훗날 영화는 사운드와 결합하기 위해서 초당 24프레임으로 촬영·상영하도록 개조되고 정착되는 과정을 거치기 때문이다.

▲ 마이브리지, 말의 연속 사진을 촬영하기 위해 마련한 장치(1878년).

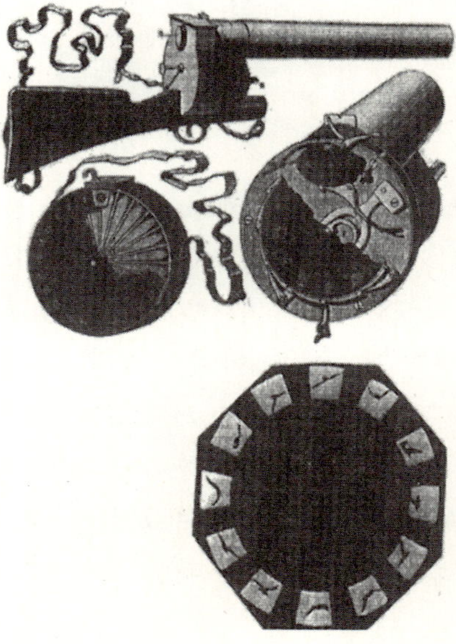

◀ 마레의 여러 가지 사진 총(우하단 원판, 나폴리에서 촬영한 갈매기 연속 사진 모습).

움직이는 그림이 대중들을 사로잡다

영화의 탄생과 관련해 애니메이션의 역사에서 기억할 만한 인물이 있다. 바로 프랑스의 에밀 레노(Emile Reynaud, 1844~1918)이다. 그는 조에트로프를 개량하여 만든 프라크시노스코프(Praxinoscope) 장치로 오늘날의 애니메이션과 같이 움직이는 그림을 상영했다. 그가 운영했던 '빛의 연극 혹은 광학극장(Theatre Optique)'은 영화 탄생 이전부터 움직이는 그림(검은 바탕에 흰 그림을 그려서 스크린에 영사한 것)을 관객들에게 보

▶ 1인용 프라크시노스코프 극장(1879)의 관람 모습.

▼ 다수의 관객을 위한 투영.

여주었다. 하나의 줄거리는 300-700장면으로 구성되어 극이나 이야기를 전개하였고, 긴 것은 15분 정도나 진행되었다고 하니 놀랍기만 하다. 만약 영화(1895년 시네마토그라프)가 탄생되지 않았다면, 현재의 우리는 이와 같은 장치를 개량하여 애니메이션을 즐기고 있었을지도 모른다.

마침내 영화가 탄생하는 1895년을 즈음하여 이 '움직이는 그림'도 대중적 취향에서 사라지게 된다. '그림이 움직인다'는 의미로서의 애니메이션은 새로 등장한 이미지 생산방식인 영화의 한 장르(말 그대로 '움직임을 다루는' 현대 애니메이션)로 전환되어 오늘에 이르게 된다. 이런 역사적 과정을 거쳐 애니메이션도 영화와 마찬가지로 예술이자 산업이며, 대중매체에서 중요한 몫을 담당하는 장르로 편입된 것이다.

20세기, 영상 이미지의 전성시대

영화의 탄생

20세기에 들어서면 인류의 기술 문명과 과학은 '영화'라는 매체가 완성될 수 있는 단계에 이르게 된다. 세계 각국은 현실의 움직임을 완벽하게 재현하는 장치 개발을 서둘렀고, 발명왕 에디슨도 이에 합류한다. 에디슨사(Edison Company)의 영화용 자동카메라가 등장하고, 이스트먼코닥사의 필름도 한 몫을 거든다. 그리고 드디어 1895년, 프랑스에서 뤼미에르 형제가 그들의 첫 영화 기록물(「공장의 출구」와 「기차의 도착」으로 각각 1분 정도씩)을 성공적으로 시사한다. 활동사진으로 달려오던 기차는 1895년, 영화(cinematograph)가 되어서 도착한다!

「기차의 도착」 스틸사진(1895).

초기 영화(1893~1930)

초기 영화들은 대부분 현실을 단순하게 기록하는 수준에 머물렀다. 즉, 뤼미에르 형제의 시네마토그라프의 수준을 넘지 못했던 것이다. 물론 단편적인 현실의 기록이지만, 여기에도 서사형식이 점차 도입된다. 뤼미에르 형제들도 이에 착안한 작품을 기록(촬영)한다. 1895년에 만들어진 「물 뿌리는 사람」에서 서사형식의 초기 예를 볼 수 있다. 즉, "정원사가 호스로 꽃밭에 물을 주고 있다. 잠시 후 소년이 등장하여 그 호스의 중간을 발로 밟는다. 나오던 물이 끊겨지자 정원사는 호스 주둥이를 들어본다. 그때 소년이 발을 뗀다. 정원사는 물벼락을 맞는다"라는 내용으로 구성되었다.

「물 뿌리는 사람」 스틸사진(1895년).

자칫 새로 탄생한 영화가 현실의 기록에만 매달리는 이미지 매체로 전락할 뻔한 것을 획기적으로 변화시킨 사람이 있었다. 1896년 이후 마술사 조르주 멜리에스의 공헌은 영화의 큰 두 가지 흐름(리얼리티 계열과 환타지 계열) 가운데 환상성에 손을 들어준 점이다. 꿈을 기록하는 영화가 시작된 것이다.

고전적 할리우드 영화의 발전(1908~1927)도 초기 영화를 살찌우는 데 큰 역할을 한다. 거장으로 불리는 D.W. 그리피스 감독은 영화를 공장시스템처럼 개발(unit system)하도록 만든 장본인이다. 그의 작품으로는 「국가의 탄생」(1915년) 「인톨러런스」(1916년) 등이 유명하다.

영화가 유럽에서 탄생했다는 사실에 걸맞게 유럽의 영화에 대한 공헌은 계속된다. 독일에서 일어난 표현주의 영화운동(1919~1924)과 프랑스 인상주의 및 초현실주의 영화운동(1918~

1930)이 대표적이다. 독일의 표현주의는 회화에서 일어난 표현주의 운동과 맥을 같이 하면서 영화의 세계가 지닌 놀라운 표현 영역의 방향을 제시했다. 「칼리가리 박사의 밀실 *The Cabinet of Dr. Caligari*」(로버트 비네 감독, 1919년) 같은 작품이 대표적인 표현주의 기법의 작품이다. 아직도 그 어마어마한 세트 장치며, 조명, 연출 기법 등으로 유명한 프리츠 랑 감독의 「메트로폴리스 *Metropolis*」(1926년) 같은 작품은 현대의 공포영화, 필름 누아르의 장치와 조명 등에서 그 기법이 그대로 반복되고 있다고 해도 과언이 아니다.

프랑스의 인상주의 및 초현실주의 영화도 영화의 전개와 영상문법을 통해 우리에게 시사하는 바가 많다. 특히 환상의 현실화를 강조한 초현실주의 작품들은 애니메이션의 현대적 발전에 큰 영향을 끼쳤다. 「기계무용 *Ballet Mechanique*」(1924년) 「안달루시아의 개 *Un Chien Andaloue*」(1928년) 등 참고할 영화들이 많다.

유성영화의 탄생–완벽한 현대 이미지의 등장

영화는 사운드를 동반자로 확보하면서 현재까지 그 무한한 이미지 전달의 가능성과 표현력을 증명하고 있는 중이다. 현재의 영화가 이러한 득음의 경지에 오른 데에는 무성영화시대부터 시작된 다음과 같은 서로 다른 뚜렷한 움직임에서 비롯된 것이다. 현대영화의 흐름도 이 세 가지 흐름 중의 하나를

잇거나 재편함으로써 정착되었다고 하여도 과언이 아니다.

첫째, 할리우드의 탄생이 끼친 영향력이다. 미국영화는 할리우드라는 상징과 집중을 통해 현대영화에 거대한 영향력을 행사하고 있다. 할리우드는 초창기 산업화 과정을 겪으면서, 포드 시스템을 통한 분업화와 스타 시스템을 영화 생산에 도입하여 영화가 곧 자본주의의 꽃으로 성장하게 만들었다. 당연히 영화 산업을 통해 얻는 수익을 극대화하기 위해 전세계를 겨냥한 배급 시스템도 견고해질 수밖에 없었다. 폭스, 워너, 콜롬비아, 디즈니(비엔나비스타), 드림웍스 등의 이름은 그래서 나타난 것이다.

한편 미국영화, 특히 할리우드의 영화 시스템은 결과적으로 영화를 장사꾼들과 은행 자본가들의 상품으로 전락시킨 장본인이기도 하다. 이들은 세계 영화시장을 할리우드 영화의 독과점 체제 속에 넣기 위해 매수와 합병 등 다국적 전략으로 세계를 할리우드 영화 컨텐츠로 묶어내면서 오늘에 이르고 있다. 모든 나라는 이들의 파워에 완전히 승복하거나 혹은 대항하면서 자국의 영화 산업 및 문화를 지키고 있는 중이다.

둘째, 러시아 혁명 후의 소련영화운동이 끼친 영향력이다. 러시아 혁명을 주도하면서 좌파 볼셰비키를 이끌던 레닌은 당시 신흥 예술매체인 영화에 주목한다. 그는 '영화만이 부르주아들의 유혹과 타락에서 벗어난 건강한 예술'이라고 지칭하면서, 영화를 당시 혁명정신에 유리한 정치적 무기로 해석한다. 당시 이러한 러시아의 분위기는 수많은 젊은 인력들을 영화로

견인하는 역할을 했다. 클레쇼프가 운영하는 영화연구소(공장)에서는 현대영화에 절대적인 공헌을 한 다양한 연구들이 진행된다. 지가 베르토프는 물론, 「전함 포템킨」의 세르게이 에이젠슈테인, 「어머니」의 푸세보르도 푸도프킨, 마하엘 롬 등은 이때 모인 사람들이다. 그들에 의해 영화는 장면(cut)들을 이어 붙이는 편집으로 새로운 의미 전달이 가능하다는 '몽타주 이론'이 등장하게 되고, 작품으로 실천된다. 현대영화는 그들의 '몽타주' 선언에 담긴 문법을 터득함으로써 완전하게 자리 잡을 수 있었다.

셋째, 19세기 예술유산의 전통을 이은 독일 표현주의가 준 영향력이다. 19세기에서 20세기로 넘어갈 무렵, 독일지역에서 시작된 표현주의 운동은 영화에도 그대로 이어진다. 이 운동에 참여한 일군의 감독들은 프리츠 랑, 프리드리히 무르나우, 게오르그 파프스트 등이 있다. 그들은 연극과 미술, 문학 등 과거 예술이 유산으로 넘겨준 예술적 정신과 미적 개념이 암울한 시대상황과 부딪히는 것을 고민한다. 그리고 이 장벽을 돌파할 수 있는 예술은 새로 탄생한 영화매체라는 점을 깨닫게 된다. 이러한 생각은 변변한 활동이 없던 당시의 영화예술에 일대 기폭제를 제공한다. 연극적 기록에 전념하던 영화 카메라의 한계에 도전하던 그들의 왕성한 활동은 「메트로폴리스」「마지막 웃음」「슬픔의 거리」와 같은 작품에서 표현주의적 미학으로 실천된다. 히틀러가 일으킨 전쟁 때문에 그들은 미국으로 거처를 옮겨 할리우드의 영화 미학적 발전에도 일정한 역할을 제공하며 현대영화의 폭을 넓힌 바 있다.

이제까지 영상 이미지의 탄생사를 살펴보았다. 인류 역사의 기원은 오랜 세월을 거슬러 올라가지만, 문명을 이룩하고 문자를 사용한 시기는 길어야 5천 년 전부터라고 한다. 그리고 근래(1895년)에 이르러서야 영화라는 이미지를 갖게 된 것이다. 불과 100여 년 전의 일이다. 인류가 살아온 그 긴 여정에서, 늘 꿈에 그리던, 아니 꿈처럼 재현되는 '움직이는 이미지'를 향한 본능, 호기심, 이성의 작동이 겨우 실현된 것이다. 그것은 결국 현대 이미지가 갖는 자신의 정체성을 확장하고 구축해 온 역사이다.

인류는 길고 긴 세월을 영화의 원시적인 형태에 머물러 왔다고도 할 수 있다. 그 형태는 사실처럼 움직이는 것을 눈앞에 재현해 보고자 하는 노력의 일환이었다. 간혹 사물(그림)을 움직이는 경이로움도 있었다(중세시대의 만화경 같은). 우리는 '그림을 움직일 수 있다'는 결실을 영화의 탄생 없이도 에밀 레노의 '빛의 극장'을 통해 확인하기도 했다. 사실 여기서 애니메이션은 완성된 것이다.

그림이 움직였으면 하는 근원적인 호기심은 인류의 오랜 바람이었다. 본래 움직이지 않는 것을 움직이게 하려는 욕망이 알타미라 동굴벽화 속의 동물을 8개의 발로 표현하게 만든 것이다. 이것이 바로 애니메이션의 정신이자 기초이다. 이 움직임의 실재화(realization)만이 애니메이션의 진리임과 동시에 영화의 탄생 배경이었다. 영화의 길이 애니메이션의 길과 함께 하는 이유도 여기에 있다.

그래서 마지막으로 남는 애니메이션 특유의 성질도 그것이 그림이든 사진이든 인형이든 그 어떤 것이든 움직임에 있을 뿐이라는 것이다. 애니메이션에 대한 모든 사람의 흥미는 이 고유한 성질이 은폐되지 않고, 좀더 근원적으로 그래서 보다 생기 있게 나타나는 데 있다. 여기서 획득되는 애니메이션의 대중성은 그것이 영화의 진리(재현되는 현실의 움직임)를 좀더 적나라하고 천진스럽게 표현하고 있기 때문일 것이다.

제3부 애니메이션의 분류

촬영과정이 필요 없는 애니메이션

우리는 카메라처럼 이미지를 기록하는 기계장치나 과정 없이도 애니메이션을 만들고, 즐길 수 있다. 이를 카메라가 불필요하다는 의미에서 보통 카메라리스(cameraless, noncamera) 애니메이션이라 말한다. 다이렉트 애니메이션(direct animation)이나 핸드메이드(hand-made) 애니메이션도 같은 의미로 사용된다.

애니메이션 역사에서 영화가 발명되기 전에 등장했던 초창기 애니메이션이 모두 이 영역에 속하며, 오늘날에도 변형된 모습으로 활용 가능하다. 원반 뒷면에 그림을 그려 넣고 구멍 낸 틈을 통해 거울에 반사된 움직임의 환상(illusion)을 확인할 수 있는 장치인 페나키스토스코프(Phenakistoscope)나 원통형을 이용하여 그림을 좀더 편리하게 돌려 볼 수 있는 장치로 발전

한 조에트로프(Zoetrope) 등이 여기에 해당한다. 이들 장치는 요즘도 어린이 애니메이션 워크숍이나 애니메이션 전공의 기초 과목 등에서 움직임의 환상을 실습하는 교육용으로 쓰이고 있다.

플립 북(flip book)을 이용한 애니메이션도 촬영과정이 필요없는 애니메이션에 해당한다. 플립 북을 만들 때는 먼저 수십 장의 종이를 한 권으로 묶는다. 이때 종이의 두께와 크기를 손으로 퉁겨보기에 좋게 만드는 것이 중요하다. 아래 장부터 어떤 동작의 움직임을 낱장마다 일련의 순서대로 그려 넣는다. 이 그림 묶음을 손가락으로 퉁겨보면 시각잔상(persistence of vision) 효과가 작용하여 마치 움직이는 것처럼 보이게 된다. 움직임의 환상(즉, 애니메이션)을 잘 드러나게 하기 위해서는 밑그림과 앞장에 그려지는 그림의 간격에 주의를 기울여야 한다. 가령, 야구공의 운동이나 미사일의 궤적 따위의 쉬운 그림부터 시작해 보고, 익숙해지면 좀더 복잡한 동작으로 옮아가야 한다. 시중에서 제품화된 플립 북을 구해서 여러 번 퉁겨보는 것도 도움이 된다.

다음으로는 필름 위에 직접 그리거나 스크래치를 내서 만드는 애니메이션(드로잉 온 필름(drawing on film)/스크래칭 온 필름(scratching on film))이 있다.

필름을 카메라에 감아 촬영하지 않고, 필름 위에 한 프레임씩 그림을 직접 그려 이미지를 만든 다음 이를 영사기로 돌려서 애니메이션을 만들어내는 방식이다. 필름은 주로 프린트(상영용) 필름을 사용하고 마커나 유성 펜으로 그림을 그리기도 하지만, 철필이나 칼끝으로 필름을 긁어내서(스크래치) 이미지를 만들 수도 있다. 영화용 필름의 앞뒤는 상이 맺히도록 감광액이 바라져 있는 에멀전(emulsion) 면과 이를 보호하는 비닐 성분의 베이스(base) 면으로 구분되는데, 이 작업은 에멀전 면 위에서 해야 한다.

또, 스크래치를 이용할 때는 에멀전 면을 긁어내는 강도에 따라 상영시에 초록색-노란색-흰색(살짝 긁었을 때-중간 강도-완전히 긁어냈을 때)으로 색상이 구분되는 느낌을 줄 수도 있다. 프레임마다 그림의 정확한 위치를 정하는 데 어려움 있으나, 어려운 촬영과정 없이도 애니메이션의 묘미를 쉽게 접할 수 있는 제작 기법이다. 노만 맥래런(Norman McLaren) 감독의 작품 「지루하지 않게 *Begone Dull Care*」(1949)와 「블링키티 블랭크 *Blinkity Blank*」(1954)가 유명하다.

촬영과정이 필요한 애니메이션

애니메이션은 촬영되는 소재(피사체)의 성질에 따라 크게 평면 애니메이션(2D animation)과 입체 애니메이션(3D animation)으로 나뉜다. 입체 애니메이션의 경우는 우리가 일반적으로 보는 미니어처 촬영방식과 유사하게 제작된다. 그러나 평면 애니메이션의 경우는 카메라가 평면상에 전개되는 이미지를 촬영하기 좋도록 렌즈 방향이 수평면을 향하도록 되어있다. 카메라는 상하운동 등이 조작하기 편리하도록 각종 기계장치와 액세서리가 달린 튼튼한 촬영대(camera stand)에 장착되어 있다.

평면 애니메이션(2-dimensional animation)

종이 애니메이션(paper animation) 애니메이션의 움직임을 표현하는 낱장 그림이 그려지는 대상이 종이이다. 우선 플립 북 애니메이션을 촬영한다고 생각하면 가장 단순한 종이 애니메이션을 얻을 수 있을 것이다. 때문에 기초 실습이나 아마추어용 작품에서 흔히 찾아볼 수 있는 애니메이션 장르이다. 그러나 종이 위에 그린 그림 그대로를 직접 촬영하여 애니메이션을 만드는 까닭에, 만든 이의 자유로운 회화성이 자연스럽게 드러나게 되므로 독특한 작가주의 예술 경향을 띠는 경우도 있다. 일러스트 성격이 강한 CM 광고 등에도 자주 등장하는 애니메이션 장르 중 하나이다. 오오토모 가스히로 감독의 「메모리즈」(1995)제3화 '대포의 거리(Cannon Fodder)' 중에는 실험적인 느낌으로 삽입된 종이 애니메이션 기법이 포함되어 있다.

절지 애니메이션(cut-out/cutting animation) 종이나 골판지 등에 그려진 캐릭터를 오려내어 따로 만든 배경 그림 위에 놓고, 오려낸 캐릭터를 조금씩 위치를 바꿔가며 프레임 촬영하는 애니메이션을 지칭한다. 셀을 사용하기 전 시대의, 배경이 따로 있는 애니메이션은 대부분 이 장르에 속하는 애니메이션이라고 보면 거의 맞다. 오려낸 캐릭터를 통으로 움직이는 간편한 방식에서 머리, 팔다리, 몸통 등의 관절 부위를 세심하게 나눠서 처리하는 복잡한 전개 방식까지 보기보다 폭이 넓은 제작 방식이다. 유리 놀슈테인 감독의 「이야기 속의 이야기」(1979)가 섬세한 절지 형식의 애니메이션 작품이다.

한편 실루엣(silhouette) 애니메이션은 절지 애니메이션의 한 형태로, 유리판 위에 오려낸 캐릭터나 사물을 놓고 밑에서만 조명을 비춰 그림자 형태가 만들어지도록 설정한 후 제작한다. 흑백의 강한 콘트라스트는 물론, 그림자 속에서 느껴지는 '감춤의 미학'을 발휘할 수도 있다. 미셸 오슬로 감독의 「프린스 앤 프린세스」(1999)가 절지를 이용한 대표적인 실루엣 애니메이션이다.

중국의 수묵화 애니메이션 또한 절지를 변형한 것이다. 먹물의 선이 스민 화선지를 인내심 있게 뜯어내 핀셋으로 움직임을 만드는 힘든 테크닉을 사용하고 있다. 터웨이[特偉] 감독이 제작을 지휘한 「올챙이 엄마 찾기」(1960)는 동양화(수묵담채화)의 느낌이 애니메이션으로 살아 움직여 세계를 놀라게 한 바 있다.

셀 애니메이션(cell animation) 이제까지 보아 온 대부분의 애니메이션은 셀(셀룰로이드 투명지) 방식이었다. 화면에서 움직이는 부분(캐릭터, 구름, 탈것 등)을 투명한 셀에 그려, 움직이지 않는 부분을 그린 배경 위에 겹쳐 놓고 촬영하는 제작방식으로, 이 방식을 사용하면 제작과정을 분업화·전문화할 수 있으며 제작 결과물에 대한 예측도 어느 정도 가능하다. 수정작업 또한 쉬워 노동 집약적인 작업이 가능한 제작현장에서 체계적인 제작 시스템을 갖출 수 있도록 만들어주었다.

물론 셀 애니메이션은 다양한 발전 경로를 거쳐 오늘에 이르고 있다. 가령, 요즘에는 컴퓨터를 이용하여 전통적인 촬영

단계를 거치지 않고, 크게 '스캐닝-디지털 페인팅-디지털 합성-렌더링'의 방식으로 변모해가고 있다. 컴퓨터가 점점 더 많이 개입되고 있지만, 프로그램 자체는 셀 방식을 기반으로 개발되었기 때문에 서로 유사한 화면효과를 보여준다. 사람에 따라서는 디지셀(digi-cell) 방식이라고 부르기도 하는데, 근원적으로는 동일한 제작방식이라고 할 수 있다.

유리판 위에 그려 찍기(paint-on-glass) 독특한 평면 애니메이션 제작기법 중 하나로 카메라 아래에서 직접 유리판 위에 그림을 그려가며 프레임 촬영을 하여 애니메이션을 만드는 방식이다. 먼저 한 장면의 그림을 완성하여 원하는 프레임만큼 촬영한다. 그리고 유리판 위의 그 그림에 이어지는 동작을 고쳐 그려 넣어 계속 촬영하면서 움직임을 만들어 간다. 캐나다 국립영화위원회(NFBC)에 소속된 작가들의 작업으로 유명해졌으며, 특히 캐롤라인 리프 감독의 작품(「거리 *The street*」(1977) 등)이 잘 알려져 있다.

유리판 위에 그림을 그리는 방식과 소재에 따라 페인트 온 글래스 방식(paint-on-glass)은 여러 갈래로 나뉠 수 있다. 잘 굳지 않는 화학성분을 섞은 물감의 사용(위 캐롤라인 리프 외에 알렉산더 페트로프의 「노인과 바다」), 유리판 전체에 엷게 점토를 바르고 긁어내면서 만드는 이미지의 구성(윌 빈튼의 「천지창조」), 모래를 이용한 평면 이미지의 구성(질 알카베츠의 「비츠부츠 *bitzbutz*」, 이를 별도로 모래 애니메이션이라고도 부른다),

작은 유리구슬로 변화하는 이미지 만들기(이슈 파텔의 「구슬게임」(1977)) 등과 같이 작가의 상상력과 재료의 질감에 따라 무궁무진한 기법이 동원될 수 있다.

기타 소재의 평면 애니메이션들 핀 스크린(pin-screen) 애니메이션은 수십 수백만 개의 핀들이 미세하고 조밀하게 박힌 판에 이미지를 구성해서 애니메이션을 만든다. 일종의 실험주의 미술에서 사용되던 핀 스크린은 핀을 밀고 당길 수 있기 때문에 그 높낮이에 따라 생기는 치밀하고 미세한 그림자가 형상을 만들어 주게 된다. 어찌 보면 3차원의 물체(핀과 핀 스크린 자체의 입체성이 주는)가 2차원의 이미지를 만든다는 미묘함이 화면효과에 독특한 맛을 준다고 할 수 있다. 러시아의 알렉산더 알렉세이예프 감독의 「민둥산의 하룻밤」(1933), 자크 드루앵/브제티슬라프 포야르 공동제작의 「천사의 시간」(1986) 등 주로 동유럽 지역에서 만든 애니메이션에 등장한다.

일상의 오브제들 중에서 평면 이미지를 구성할 수 있는 소재를 이용하여 재미있는 애니메이션을 만들 수도 있다. 주로 사진이나 잡지, 포장지, 얇게 썬 채소나 과일, 심지어는 곤충의 날개 등으로 이미지를 만들고, 이 오브제들이 조합되고 흩어지는 초현실적인 움직임 속에서 애니메이션의 맛을 감상할 수 있다. 복사기 이미지들이 다양하게 등장하는 뮤직비디오 애니메이션인 첼 화이트의 「포토카피 차 차 *Photocopy Cha Cha*」 등이 이에 해당한다.

입체 애니메이션(3-dimensional animation)

주로 관절을 움직일 수 있게 만든 나무나 금속 인형, 점토, 생활 주변의 실제 오브제(입체) 등을 모델로 사용하는 애니메이션이다. 그려진 캐릭터를 사용하는 평면 애니메이션 같은 융통성은 없지만, 입체감을 표현하는 데 뛰어난 리얼리티를 보장받을 수 있어 독특한 장르로 인기를 지속해왔다. 3차원 재료를 사용하는 입체 애니메이션의 뿌리는 오랜 시간 동안 매혹적인 대상으로 존재해 왔던 인형놀이이다. 체코, 헝가리, 유고와 러시아 등의 인형극 전통은 대중문화의 일부분이자 정치적 풍자와 해학을 풀어내는 강력한 문화적·역사적 기능을 띠기도 했다. 영화의 '트릭 촬영기술(trick photography)'도 이들 나라의 인형극 전통 속에서 성장한 입체 애니메이션의 강력한 영향을 받은 것이다.

입체 애니메이션은 촬영 소재나 대상을 입체적으로 조형하고(모델 만들기, modeling), 이를 일정한 물리적 배경 공간에 배치하여(배경 설치, setting), 미니어처 세트를 촬영하는 실사 영화 제작방식에 준하는 조명(lighting)과 프레임 촬영기술(stop-motion photographing)을 사용하여 원하는 이미지를 얻는다는 점에서 평면 애니메이션과 커다란 차이를 보인다. 제작환경에 컴퓨터가 도입되고 응용기술이 점차적으로 확산되면서, 현재에 이르러 입체 애니메이션은 아주 중요한 애니메이션의 매력 요소 중에 하나로 부각되고 있다.

인형 애니메이션(puppet animation) 인형 애니메이션은 정교하게 다듬어진 인형 기술과 영화적 메커니즘이 결합하여 발전해 왔다. 사용되는 인형(모델)은 기본적으로 자신의 무게를 감당하면서 자유롭게 움직이도록 만들어져야 한다. 디테일이 잘 정돈되어 있어서 360° 회전에도 고유의 특성이 잘 드러나야 하는 것은 물론이다.

움직이거나 스톱모션이 유지될 수 있도록 하기 위해 보통 인형 내부에 몸통과 팔다리를 연결하는 뼈대가 숨겨져 있다. 초기의 나무 인형들은 이 뼈대가 필요 없는 경우가 많았다. 분리된 신체를 연결하는 방식은 숨은 요철(凹凸)을 단순히 접합시키는 것이었다. 그러나 여러 번 사용하면 닳아버려 자세 유지가 불편해지자 내부 구조물로 견고하게 보강할 필요가 생겼다. 이 때문에 유연성이 강한 철사나 금속 관절을 사용하는 방식으로 발전하게 된다. 이 뼈대를 입체 애니메이션에서는 '아머추어(armature)'라고 부른다. 요즘은 플라스틱 레고 인형을 연결하는 볼 조인트나 금속형 고정쇠 등이 다양하게 제품화되어 있기도 하다.

대표적인 작품들로는 이지 트릉카의 「한 여름밤의 꿈」(1959), 팀 버튼의 「크리스마스 이브의 악몽」(1993), 카와모토 키하치로의 「도성사」(1976) 등이 있다.

점토 애니메이션(clay animation/claymation) 점토를 이용한 애니메이션은 점토의 독특한 특성 때문에 입체 애니메이션의 제작기법으로 널리 퍼져있어 '클레이메이션'이라는 별칭으로도 불린다. 우선 점토(clay)의 특성으로 꼽히는 것은 변형(metamorphosis)에 매우 강한 소재라는 점이다. 점토는 우리가 원하는 형태를 오래 지속시켜 줄 뿐만 아니라 끊임없이 유연하게 변형을 가할 수 있다. 점토로 만들어진 모델은 명확한 형상(shape)은 물론, 질감(texture)과 무게(weight) 표현에도 탁월한 장점을 지니고 있다.

또한 실제 촬영시에는 조명 앞에서 쉽게 건조되지 않고 잘 축조되며 채색도 자유롭도록 하기 위해, 점토에 화학성분을 첨가하거나 점토 대용제품이 활용되기도 한다. 잘 굳지 않도록 지방성분을 첨가한 유토, 만들기 쉬운 지점토 등이 개발되면서 점토의 성질은 유지하되 질이 높아진 재료들이 등장하고 있다. 최근에는 아드망 스튜디오의 「월레스 앤 그로밋」 시리즈(닉 파크 감독, 1989~1996)에 효과적으로 쓰인 프래스티신(plasticine, 고무질 성분을 화학적으로 처리한 고무찰흙)이 점차 점토를 대체하고 있는 추세이다.

미국의 윌 빈튼 감독은 '클레이메이션'(1981년 세계 최초로 트레이드마크 획득)을 자신의 스튜디오 명칭으로 사용하면서까지 점토 애니메이션에 매달리고 있는 것으로 유명하다. 그의 작품으로는 「캘리포니아 건포도」(CM) 「위대한 사람들 *The Great Cognito*」(1981) 「크리스마스 선물」(1980) 등이 있다. 국내에서도 「아름다운 시절」(정창진 감독, 2000) 「애니콜 광고」(CM) 등의 완성도 높은 단편작품들이 점차 많이 제작되고 있다.

오브제 애니메이션(object animation) 생활 주변에서 쉽게 구할 수 있는 일상적인 물건으로 입체적인 이미지를 구성한 후 프레임(스톱모션) 촬영하여 만드는 애니메이션이다. 많이 쓰이는 오브제로는 문구, 주방 기구, 완구나 우유 팩 등 다양하다. 또, 인형 혹은 점토 애니메이션과 결합하여 이런 오브제를 활용할 수도 있다. 그레고리 그랜트의 「G.I. 조를 위한 노래 *Ode to G.I. Joe*」(1990)는 군대 시리즈 완구를 소재로 사용하고 있다.

오브제 애니메이션에서는 본래 생명이 없는 피사체가 프레임 촬영을 거치면, 화면에 그 실체 모습 그대로 등장하는데도 마치 살아있는 것처럼 행동하게 된다. 이렇게 분리된 둘 사이의 이중적 이미지와 그 해석에 의도적인 혼란이 발생하는데, 이를 통해 리얼리티(실체 대상)와 이미지(화면에 생성된)의 관계 설정에 다양한 해석이 가능하다. 꿈에서처럼 말이다. 그래서 전위 예술가들이나 초현실주의적 표현에 많이 활용되기도 한다. 예를 들면, 얀 슈반크마이에르의 「세 가지 차원의 대화 *Moznosti dialogu*」(1982) 같은 작품에서 실험성이 강한 또 다른 세계의 애니메이션을 접할 수 있다. 이 외에 퀘이(Quay) 형제의 단편들에서도 같은 경향을 읽을 수 있다.

픽실레이션(pixilation) 애니메이션의 촬영 소재로 사람 자체를 택할 수도 있다. 우리는 이때 사람(연기자)을 마치 인형과 같은 모델로 인정해야 한다. 애니메이션 제작기법에 따른 영상을 만들기 위해서는 프레임 촬영시 스톱모션이 반복되어야 하는 동작 포즈를 취해야 하기 때문이다. 일반 극영화의 연기와는 매우 차별되는, 특별하고 재미 있는 애니메이션 영상을 얻을 수 있다는 특징이 있다.

이와 같이 이미 생명을 가진 사람이 등장하거나 동물, 혹은 일상사건 등을 프레임 촬영방식으로 기록하여 만든 애니메이션을 구분하여 픽실레이션이라고 부른다. 일반 극영화 방식이나 다큐멘터리 영상으로는 포착하기 힘든 분절된 움직임 속에서 독특한 영상 형식을 담은 실험적인 애니메이션이 창출되는 것이다. 노만 맥래런의 「이웃 *Neighbours*」(1952)은 정석에 해당하는 픽실레이션의 한 예이다.

물론 러시아의 단편 애니메이션 「탱고 *Tango*」(1982)처럼 이미 촬영한 영상을 다시 프레임 단위로 편집하면서, 각각의 동작을 더 늘리거나 축약시켜도 픽실레이션 기법에 해당한다. 코끼리를 다룬 기존 다큐멘터리 영상을 편집하여 왈츠 음악에 맞춘 코끼리의 춤으로 변형시킨 애니메이션은 이렇게 만들어진다. 나아가 카메라로 실제 배우나 풍경을 촬영한 영상을 그대로 이용하면서, 프레임마다 색을 입히는 기법인 로토스코핑(rotoscoping) 애니메이션으로 발전시킬 수도 있다(최근 작품으로는 리처드 링클레이터 감독의 「웨이킹 라이프 *Waking Life*」(2001)가 있다).

한편 카메라를 고정시켜 연출자가 의도한 시간 간격을 설정(가령, 하루에 한 번 혹은 1시간에 한 번)하여 피사체를 프레임 촬영하는 방식으로도 독특한 애니메이션 영상을 얻을 수 있다. 이를 타임랩스(time-lapse, 원래 의미는 저속촬영을 말함)에 의한 촬영방법이라고 하는데, 과학교육영화의 꽃 피는 장면이나 씨앗의 발아장면, 구름의 흐름 등 현실적 시간을 축약해서 순식간에 보여주는 데 유리하다.

이러한 방식들은 영화의 초창기에 등장하는 여러 트릭 촬영기술들이 시행착오를 거치면서 애니메이션 영상언어로 정착되어온 것이다. 멜리에스의 「달세계 여행」이 그 좋은 예이다. 현대영화의 많은 장면은 디지털 효과를 결합시키고 픽실레이션 기법을 응용하여, 마치 한 편의 만화 장면이 생생하게 살아 움직이는 듯한 화려한 화면효과를 선보인다. 「매트릭스」의 돌려차기 장면을 떠올려보라. 사실 모든 현대 애니메이션은 제작기법이 어떻든 간에 스톱모션 애니메이션이자 타임랩스 애니메이션이며 프레임 조작을 거치는 애니메이션이라고 말하여도 무방할 것이다.

컴퓨터 애니메이션

컴퓨터 애니메이션의 전제

하나의 애니메이션이 작품화되기 위해서는 여러 가지 테크닉 요소들이 서로 결합되는 과정을 거쳐야 한다. 이러한 테크닉을 구성하는 요소들을 얼마나 이해하고, 적절하게 활용했는가에 따라 작품의 질이 결정된다고 할 수 있다.

나아가 위 두 가지 자질이 겸비되었을 때 새로운 형식을 지닌 작품의 창조도 가능하게 된다. 잘 알다시피 단편 애니메이션의 경우는 기술과 기법 등 테크닉의 활용도가 매우 높다고 할 수 있다. 프레데릭 백의 「나무를 심은 사람」은 불투명 셀지를 이용한 기술의 산물이며, 유리 놀슈테인의 「이야기 속

이야기」는 컷 아웃 테크닉을 작품의 완성도에 결합시킨 예이다. 극장용 애니메이션으로 실제 같은 배경에 공룡(3D)이 등장하는 「다이노소어」 역시 기술의 진보가 탄생시킨 결과물이고, 만화 기법을 그대로 차용하고 있는 안노 히데야끼 감독의 TV시리즈 「그 남자 그 여자의 사정」 또한 만화 캐릭터의 진수를 극단적으로 드러내는 방식으로 애니메이션의 구성 요소와 기술을 사용한 경우이다.

애니메이션은 영화의 탄생 이후 새로운 테크놀로지를 받아들이면서 점차 세련되고 전문화되고 있다. 현대의 애니메이션은 대개 컴퓨터를 이용하여 제작공정을 자동화하고 있다. 하지만 사실 컴퓨터 미디어를 통한 제작공정은 전통적인 기법의 수작업 애니메이션 방법론을 수용하여, 소프트웨어 프로그램으로 전환한 것일 뿐이다. 따라서 지금도 컴퓨터가 개입하는 디지털 공정에 들어가기 이전의 작업은 개인의 독창적인 아이디어를 바탕으로 직접 그려야 한다. 작품 구상은 물론 각종 캐릭터 및 배경의 디자인 설정 작업, 스토리보드 작업, 레이아웃(lay-out), 키 드로잉(key drawing, 원화(原畵)) 작업 및 인비트윈드로잉(in-between drawing, 동화(動畵)) 등이 여기에 해당한다. 이 방식은 컴퓨터가 급속하게 발전하는 미래에도 계속 유효할 것으로 보인다. 즉, 전통적인 애니메이션의 주요 작업들을 충분히 이해할 필요가 있다는 것이다.

이러한 이해가 기초되었을 때에만, 상대적으로 컴퓨터 응용 프로그램의 파생 근거와 원리를 쉽게 터득할 수 있다. 유능한 애니메이터들은 전통적인 기법을 기초로 컴퓨터 프로그램을 다양하게 운용(이를 보통 인하우스 소프트웨어(in-house s/w)라고 함)하여, 혁신적이고 복합적인 애니메이션 영상을 창조하곤 해왔다. 예컨대 디즈니사의 「미녀와 야수」는 3D 컴퓨터 배경과 전통적인 2D 캐릭터의 합성을 최초로 시도한 작품으로 유명하며, 신선함을 주었던 각종 컴퓨터 애니메이션 광고(CM)들도 이러한 결합과 조화의 산물이다. 그래서 「몬스터 주식회사」를 제작·지휘한 존 라세터 감독은 "컴퓨터로 성공적인 캐릭터 애니메이션을 만드는 데 필요한 도구는 단지 소프트웨어가 아니라 전통적인 애니메이션 테크닉과 관련된 애니메이션의 근본 원칙들에 대한 이해이다"라고 주장하는 것이다.

2D 컴퓨터 애니메이션

보통 2D 디지털 애니메이션이라고 부르기도 하며, 주로 컴퓨터의 그래픽용 프로그램(가령, 아도비 포토샵, 페인터 등)으로 평면 이미지를 생성하여, 2D용 애니메이션 소프트웨어 등 컴퓨터 시스템의 지원을 받아 제작하는 애니메이션이다. 대표적인 2D 소프트웨어로는 레타스 프로(Retas Pro), 툰즈(Toonz), 유에스 애니메이션(US animation) 외에도 AXA, 애니메이터-프로, 애니메이터 스튜디오, 기가-컨셉(GIGA Concept), 애니모(Animo) 등이 있다. 산업현장에서 이루어지는 제작은 이제 거의 대부분 이러한 소프트웨어들 중 하나 이상을 제작 시스템으로 사용하고 있다.

2D(평면) 애니메이션 제작공정 중 컴퓨터 작업

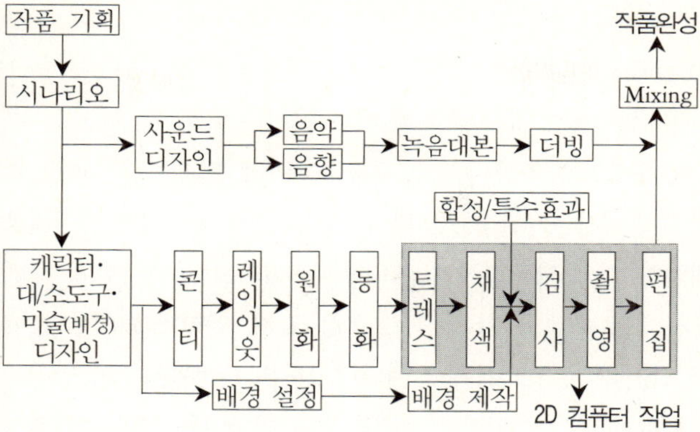

*「국내 애니메이션 발전방안연구」(한국방송진흥원, 2001. 12.)에서 도표 인용/재가공.

위의 도표에서 보는 바와 같이 2D 디지털 애니메이션의 컴퓨터 프로그램은 기존의 셀 애니메이션의 제작공정을 수용해서 응용·제작되고 있으며 그 범위를 지속적으로 늘려나가고 있다. 가령 2D 컴퓨터 프로그램 중에는 인비트윈(in-between)이라는 기능이 개발되어 키 프레임(처음과 끝의 움직임)을 지정해 주면, 자동으로 중간에 필요한 동작을 간단히 애니메이션으로 구현할 수 있다. 그만큼 작업량이 줄어들고, 제작비가 상대적으로 저렴해진다. 따라서 이러한 컴퓨터 테크닉을 잘 구사하면, 참신한 아이디어와 연출력을 가진 소수의 제작인원으로도 충분히 좋은 작품을 만들어낼 수 있다. 1999년 개봉되어 흥미를 자아낸 트레이 파커(Trey Parker) 감독의 장편 애니메이션 「사우스파크」도 그 중 하나라고 할 수 있다.

3D 컴퓨터 애니메이션

컴퓨터상에 가상의 X축, Y축, Z축으로 입체공간을 만들고, 그 공간에서 3차원(3D) 모델이나 캐릭터를 등장시켜 움직임을 재현한 것을 3D 컴퓨터 애니메이션이라고 한다. 우주 탐험, 군사 프로젝트, 의학 연구, 교육용 교재, 인터넷과 게임 등에서 발전해 온 3D 컴퓨터 애니메이션은 테크놀로지의 발전과 병행하여 미학적 도전을 계속해왔다. 최근에는 일반 극영화의 특수효과, 광고, 뮤직 비디오, 단편 애니메이션, 100% 컴퓨터 애니메이션 시리즈, 실시간 애니메이션(real-time animation), 극장용 장편 애니메이션 등으로 그 적용 분야가 널리 확산되고 있다. 많이 사용되는 3D 소프트웨어에는 3D-맥스(3D Studio Max)와 소프트이미지(Soft Image), 마야(Maya) 등이 있다. 아래 도표는 일반화되어 있는 3D 컴퓨터 애니메이션의 제작공정을 표로 제시하고 있다.

그러나 3D 컴퓨터 애니메이션 제작이 늘어나면서 새로운 문제가 나타나기도 했다. 인간 캐릭터를 사실적으로 표현하는데 어려움이 따른다는 것이다. 몇 년 전까지만해도 인간 캐릭터의 움직임을 정말 '살아있는' 것처럼 만든다는 것은 상당히 복잡한 과정(컴퓨터 프로그램에 의한 3D 모델은 실제 공간에 존재하는 것이 아니라 컴퓨터 안에서 계산된 수치와 부호로만 존재

3D 컴퓨터 애니메이션 제작공정

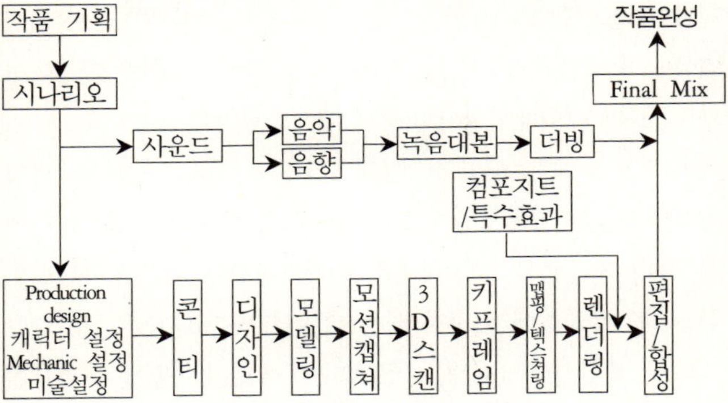

*「국내 애니메이션 발전방안연구」(한국방송진흥원, 2001. 12.)에서 도표 인용/재가공.

한다. 이 컴퓨터 내의 모델은 숫자나 정해진 계산에 의해서는 매우 현란한 움직임도 가질 수 있다. 그러나 인간의 표정이나 행동에는 주관적인 감정이나 관념이 개입되는 것이 보통인데, 이런 사실성을 정확한 숫자와 양의 개념으로 정해서 컴퓨터 모델을 조정한다는 것은 거의 불가능했기 때문에 많은 기술적 시도들이 있었지만, 실망스러운 결과만을 되풀이 해왔다)이 필요했다. 그래서 「토이스토리」에서처럼 극구 인간 캐릭터의 등장이 최소화된 공간(장난감 세계)에서 사건이 벌어지게 하거나, 「개미」에서처럼 수많은 곤충들만이 등장하는 작품을 제작하여 그 어려움을 피해가곤 했다.

이를 해결하기 위해 사람 얼굴을 찍은 사진을 수십 장씩 디지털화하는 방식 등을 거쳐 결국 '모션캡쳐(motion-capture)' 테크닉이 등장하기에 이른다. 이 방식은 비용 절감뿐 아니라 시간을 효율적으로 조정할 수 있어, 여러 3D 컴퓨터 애니메이션 작품들과 결합하게 되었다. 100% 모션캡쳐 기법으로 만들어진 3D 컴퓨터 애니메이션이 바로 「파이널 환타지 *Final Fantasy*」(스퀘어 픽쳐스 제작, 히로노부 사카구치 감독, 2001년)이다. 「파이널 환타지」는 기계적인 느낌이 덜 하고, 캐릭터의 감정이입에서 좀더 자유로운 영상세계를 구축하였다는 평가를 받고 있다. 일반 극영화에서 축적해 온 디지털 특수효과를 위한 영상기술을 포함하여 「슈렉」「몬스터 주식회사」 등에서 선보인 3D 디지털 테크놀로지의 축적은 게임, DVD, 음반, 테마 파크 등 뉴 미디어 부문으로 순환되고 있는 추세이다.

컴퓨터 애니메이션과 인터넷

애니메이션을 포함하여 컴퓨터를 기반으로 하는 디지털 방식의 미디어가 갖는 특성은 다음과 같이 요약할 수 있다. 첫째로, 최초 창작자의 오리지널 데이터가 영구히 보존된다는 것이다. 둘째로, 다양한 정보의 저장과 이것을 전송하는 방식이 용이하다는 것이다. 마지막으로, 이들의 내용(content)이 일방적으로 구현되는 것이 아니라 쌍방향적(interactive)으로 활용된다는 것이다.

특히, 미래의 영상매체로 각광받고 있는 3D 컴퓨터 애니메이션에서 이 장점들은 더욱 환상적으로 펼쳐진다. 즉, 저장과 복제, 전파 능력은 물론 하나의 캐릭터만 창안(modeling)하면, 이를 데이터로 해서 다양한 변형과 또 다른 모델(object)을 탄생시킬 수 있는 조건이 만들어질 수 있다. 현실을 닮은 가상공간에서 카메라가 자유롭게 비행할 수 있어 관찰자의 시선(카메라 앵글)이 거의 무한대로 확장되기도 한다. 이런 비약적인 상상력을 직접 재현해 볼 수 있다는 장점은 3D 컴퓨터 애니메이션에 대한 열광적인 붐을 형성하였고, 급격하게 디지털컨텐츠 제작과 인터넷으로 확산되고 있는 중이다.

우리는 이미 웹 사이트에서 이러한 컴퓨터 애니메이션을 창의적으로 즐기는 국제화 시대의 한복판에 들어서 있다. 국내에서도 젊은 세대들의 왕성한 활동은 크게 부각되고 있다. 그들은 「비비스와 벗헤드」 「사우스파크」 등 대안적(alternative) 애니메이션의 가능성에 눈을 뜬 상태이며, 그 영향력은 시장 형성에도 공격적으로 확대되는 조짐을 보이고 있다. 웹에서 크게 확산되고 있는 플래시 애니메이션은 이를 단적으로 증명하고 있다. 플래시 애니메이션으로 만든 동영상 돌출 광고들이 대형 미디어와 주요 사이트 온라인 광고의 대부분을 장악하고 있기 때문이다. 이들은 무엇보다도 애니메이션 작업 자체가 주는 매력을 앞세워 온라인상에서 다중에게 노출되는 기회를 자산으로 여긴다. 그래서 정보통신(IT) 관련 대기업들이 이들 신진인력과의 연합전략에 주력하는 모습도 상당하다.

인터넷은 독립 애니메이터들에게 많은 가능성을 제공하고 있다. 새로운 관객과 수익원, 새로운 만남의 현장이 그것이다.

미국의 빌 플림톤 감독은 인터넷에서의 폭발적인 여세를 몰아 오프라인의 극장용 흥행에 뛰어들기도 했다. 극장용 장편 「돌연변이 외계인」(2001년 안씨 애니메이션 페스티벌에서 대상 수상)이 그러한 경우이다. 거꾸로 오프라인에서 인터넷의 자유로운 제작환경에 동참하는 경우도 있는데, 팀 버튼 감독이 지휘한 쇽웨이브닷컴(shockwave.com)의 「스테인보이 *Stainboy*」가 그 좋은 예이다.

컴퓨터 애니메이션의 확산은 영화와 게임의 경계를 넘나드는 작업들(영화 「툼레이더」나 「파이널 환타지」 등), 3D 컴퓨터를 이용한 고전 영화의 복원이나 리메이크(「스타워즈」 시리즈의 리메이크 작업이나, 영화 「스파이더 맨」 등), 온라인 엔터테인먼트 사이트들과 그 밖의 인터넷을 통한 애니메이션(다양한 플래시 애니메이션들과 요즘 유행하는 모바일 광고 애니메이션 등)으로 이어지면서 애니메이션의 미래를 획기적으로 전환시켜 나갈 것이다.

제4부 애니메이터를 위한 기초지식

애니메이션을 움직이는 미적 원리

원근법의 적용과 예외적 응용

관객들에게 생동감을 불러일으킬 수 있는 애니메이션을 만들기 위해서는 몇 가지 기초지식이 필요하다. 우선 애니메이션은 이미지(그림)로 구성된다. 영화가 그렇듯이 스크린 혹은 TV모니터 위에 펼쳐지는 애니메이션 이미지들은 평면(2D) 상의 이미지들이다. 우리들은 그런 평면 이미지를 보면서 마치 현실 세계(3차원 공간, 즉 3D)에서 벌어지는 듯한 환상을 겪게 된다. 따라서 그런 이미지(그림)들을 전개하는 데 필요한 미적인 원리가 필요해진다. 우리가 이미 잘 알고 있는 원근법(perspective)은 이를 위한 기초지식이 된다.

직선 원근법(linear perspective)은 르네상스 시대 유럽 화가들에 의해서 완성되었다. 우리는 보통 눈앞에 실재하는 입체를 평면으로 옮겨 그릴 때, 크기가 같은 대상도 거리에 따라 그 크기에 일정한 변화를 주어 그리게 된다. 가까운 사물은 먼 곳에 있을 때보다 크게 그리는 식이다. 그래야만 평면상의 그림이 우리 눈에 입체적으로 비쳐 보이기 때문이다.

화면 앞으로 가까이 다가오는 물체와 그 속도를 연출하는 애니메이션을 가정해 보자. 화면 먼 곳에서의 크기는 아주 작고 속도는 느려 보인다. 화면에 다가올수록 대상은 원근법적으로 커지고 속도는 빨라진다. 해당 화면의 지속시간에 맞춰 이들 요소를 적절하게 구사할 때 애니메이션은 우리의 시각을 만족시키는 움직임의 환상으로 재현되는 것이다. 디즈니 애니메이션 「타잔」의 정글 속 질주장면은 현란하고 복잡한 거리감, 속도, 보폭, 카메라의 이동 등이 담겨있지만, 무엇보다도 원근법의 원리가 정교하게 구사된 예 중의 하나이다.

그러나 현대미술의 흐름과 마찬가지로 원근법의 요소를 철칙처럼 적용하는 것이 언제나 좋은 애니메이션을 보장한다고 말할 수는 없다. 만화에서 흔히 그렇듯이 원근법은 얼마든지 과장해서 활용할 수 있기 때문이다. 가령, 어안렌즈(사각이 180도를 넘는 초광각 렌즈, fish-eye lens)를 사용할 때 얻을 수 있는 효과를 애니메이션 동작에 활용하여, 극단적인 심리를 왜곡되고 과장된 화면이 되도록 표현할 수도 있다. 또, 아예 원근법을 무시하고, 평면적 구성 자체의 느낌에 충실한 애니메이션도 얼마든지 가능하다. 만화체 스타일의 애니메이션에서는 오히려 원근법을 무리하게 적용하는 것보다 인쇄 만화의 평면성을 그대로 드러내는 편이 좋은 결과를 가져올 수도 있다. 오히려 단편 애니메이션의 신선함은 이런 데서 오기도 한다. 영국의 장편 애니메이션인 「욤욤공주와 도둑」(리처드 윌리엄스 감독, 1993년)에서는 입체적 구성 속에 원근법을 일탈하는 기발한 동작들이 숨어 있어 꼼꼼하게 감상하면, 애니메이션 구성 원리에 많은 도움을 받을 수 있는 좋은 예가 많이 담겨있다.

그 외에도 애니메이션에 적용되는 미적 원리를 구성하는 요소들은 많다. 작품의 틀을 설정하는 화면의 사이즈(보통 프레임 사이즈라고 함)가 스크린의 가로와 세로 비율이냐, TV모니터 비율이냐에 따라서도 적용되는 미적 원리는 달라진다. 카메라가 대상을 어떻게 비추고 있느냐에 따라서도 미적인 감각과 심리묘사를 달리할 수 있다. 예를 들어, 눈높이에 맞춘 구도인가, 위에서 내려다 본 구도(부감 혹은 하이 앵글)나 올려다 본 구도(앙각 혹은 로우 앵글)인가에 따라 각각 안정, 위축, 권위 따위의 정서를 제공하는 것이다. 선, 면, 형태, 색채 등이 어울려 화면에서 느끼는 동세, 균형, 리듬, 강조, 대비, 통일, 비례의 원리를 구성하는 요소들도 애니메이션에서는 중요하다.

움직임의 기본법칙

애니메이션이 움직임의 예술이라는 데 동의한다면, 한 대상(물체)을 움직이기 위한 현실 운동의 원리 및 법칙도 애니메이션 제작의 기본이 된다는 사실을 알 수 있다. 물리시간에 배운 운동의 법칙이 애니메이션에 다시 활용되는 것이다. 물론 인류가 영화(영상) 미학으로 간추려 온 문법들이 가미되면서 말이다.

이러한 애니메이션의 기초지식들은 인류가 쌓아 온 영화 관련 기술적 테크닉의 도움을 받아 통합되면서, 애니메이션을 구성하는 기본법칙과 요소로 작용한다. 결국 애니메이션 작품의 감동과 미학은 이러한 움직임의 기본법칙과 구성요소들을 어떻게 연출하고 조화시키느냐에 따라 달라지는 것이다.

자연에서 벌어지는 운동의 법칙은 그대로 애니메이션에서 물체를 움직이기 위한 원리나 법칙으로 적용된다. 생동감 있는 애니메이션을 구성하려면 이런 운동의 자연법칙을 기본으로 움직임이 생성되어야 한다. 예를 들어, 버스가 정지해 있다가 출발할 때나 달리다가 멈출 때, 탑승자의 움직임을 관찰하면 관성이라는 움직임의 속성을 알게 된다.

이런 운동의 세밀한 분석을 거쳐 캐릭터의 동작이 구성될 때 애니메이션은 움직임의 환상을 획득하게 된다. 낙하하는 물체의 중력작용, 운동의 반동이나 반작용, 마찰과 탄력, 회전하는 물체의 원심력 등이 애니메이션의 움직임을 제어하고, 조절하는 구성원리가 되는 것이다.

현실 운동을 참고한 애니메이션 움직임

모든 애니메이션이 마치 과학 실험하듯이 움직임을 시간으로 분절하여 나타난 정지동작만을 모아 구성되지는 않는다. 디즈니가 초고속 카메라로 찍어 널리 알려진 우유 방울의 슬로우 모션(slow-motion) 파동장면(일시적으로 왕관 모양을 형성한다)이 애니메이션 작화에 큰 영향을 끼쳤다는 것은 잘 알려진 사실이다. 역사적으로 디즈니 애니메이션은 실사를 촬영하여 얻은 프레임 단위의 화면을 통해 오늘날의 정석화된 애니메이션 동작을 많이 제공하였다.

애니메이션 작품의 특성에 따라 현실 운동의 기본적인 구성 원리인 관성, 중력, 작용과 반작용, 마찰 등은 변형·과장·생략되기도 한다. 생쥐 제리에게 골탕 먹는 고양이 톰은 납작하게 눌려지기도 하고, 허공을 한참 달려 나가기도 한다. 결국은 화들짝 놀라 모자만 대롱거리며 추락(중력의 법칙!)하기는 하지만…….

애니메이션에 등장하는 캐릭터의 형태, 무게, 크기와 그의 성격이나 의지 등도 애니메이션의 움직임을 조절하는 단서로 활용된다. 작품 전체의 분위기나 특징이 그 캐릭터의 운동감을 좌우하게 되는 것이다. 이전에 우리가 간혹 어색한 동작의 컴퓨터 애니메이션을 보았다면, 바로 이런 애니메이션 움직임에 대한 기본과 그 응용을 적절하게 구사하지 못했기 때문이다.

애니메이션에서 각종 움직임의 범위와 속도감을 부여하는 것을 '타이밍(timing)을 창출'한다고 한다. 과학영화를 보면 현실의 복잡한 동작을 분해하여 기록한 것(즉, 슬로우 모션이거나 패스트 모션)을 볼 수 있다. 만약 애니메이션이 이렇게 나타난 움직임을 그대로 받아 표현하는 것이라면, 이는 실재 움직임의 단순한 재현일 뿐이다.

물론 그 자체도 넓은 의미에서는 애니메이션(앞서 말한 로토스코핑 기법에 해당하며, 기본적으로 현실을 기록한 실사장면을 전제로 그럴듯한 디테일이 첨가되어 우리의 눈을 즐겁게 만드는 애니메이션)이다. 그러나 그런 애니메이션조차도 실사 영화로 촬영된 개별 프레임과 똑같은 타이밍의 동작그림으로 구성되지는 않는다. 어떤 동작은 실사 화면에 포착되지 않는 움직임을 추가하고, 어떤 것은 과감하게 그림을 생략해서 현실보다 더 현실적인, 혹은 꿈보다 더 꿈 같은 움직임을 구성하는 것이다. 애니메이션은 이렇게 프레임(필름의 한 조각)이 모여서 구성되는 예술이다.

동작의 기본 3원칙

생동감 있는 애니메이션의 움직임을 만들기 위해서는 먼저 현실의 운동(그 법칙 및 원리)을 모사하는 순서를 가지게 된다. 우리 눈에는 잘 보이지 않지만, 현실의 운동도 일정한 단계를 거쳐 진행된다는 사실을 알 수 있다.

가령, 투포환 선수의 움직임이나 멀리뛰기 동작을 보면, 힘을 모으기 위한 준비동작, 본(실행) 동작, 동작 후의 반동이나 여분 동작을 구분해서 파악할 수 있다. 애니메이션에서의 동작도 면밀하게 분석하면 대체적으로 이러한 3가지의 동작 과정과 유형을 보이고 있음을 알 수 있다. 물론 화면에서 그 동작은 물 흐르듯 하나로 이루어지지만, 애니메이터가 실제 작업에서 이 3가지의 과정을 이해하고 작화를 하거나 촬영 동작(stop-motion)을 만들어낸다면, 해당 캐릭터(기본적으로 무생물인)가 놀라운 생명력을 가진 것처럼 움직일 수 있다. 이를 이른바 애니메이션 동작의 기본 3원칙이라고 한다.

예비동작(anticipation) 일명 '앤틱(antic)'. 생명이 있는 일상의 모든 동작에는 그 행동을 하기 전에 어떤 식으로든 준비된 동작을 먼저 취하게 된다. 강한 주먹을 날리기 위해서 팔을 한껏 뒤로 빼는 권투선수의 동작, 타석에 들어선 야구 선수의 배팅 폼 등에서 우리는 이러한 준비동작을 보게 된다. 아무리 작은 일상적인 동작이라도 사실 이 예비동작은 반드시 실재한다.

사람들의 눈에는 이런 예비동작이 쉽게 포착되지 않기 때문에 일반적으로 지나치기 쉬우나, 일련의 분절된 동작을 연속적으로 만들어주어야 하는 애니메이션에 있어서는 놓칠 수 없는 기본이다. 애니메이션의 움직임에서는 의도하는 본 동작을 하기 전에 이 '앤틱(예비동작)'을 빠뜨리면 동작이 자연스럽지 않게 된다.

아울러 이런 예비동작은 본 동작(action)의 연결을 위한 중요한 단서가 되기도 한다. 개구리의 도약이 좀더 강하고 박력 있으려면, 몸을 움츠리는 사전동작이 충분해야 한다. 마찬가지로 애니메이션 작품에서 이런 준비가 없이 바로 움직임을 보여주면, 그 동작이 너무 거친 느낌을 준다는 사실을 우리는 잘 알고 있다. 이와 같이 애니메이션의 예비동작은 본 동작을 위한 전초적인 준비 움직임에 해당되면서, 이어지는 동작을 예상할 수 있는(예상하도록 하는) 범위와 강도, 성격과 스타일, 긴장과 이완의 분위기까지를 내포하고 있다고 할 수 있다.

본 동작(action) 일반적으로 캐릭터의 움직임을 나타내고, 그가 한 행동을 지시하는 경우에 사용한다. 애니메이션의 본 동작에서 우리는 이 움직임에 전달하고자 하는 의미(희노애락, 이동 간격, 속도, 세기 등)를 담게 되며, 관객들도 이 부분에 집중하여 작품을 감상하게 된다.

그런 만큼 애니메이션의 본 동작에는 애니메이션 감독이 의도하는 다양한 정보가 들어가 있다고 할 수 있다. 캐릭터의 표정이나 감정, 움직임의 형태나 속도의 완급, 강약의 정도, 사건의 전후 관계, 동작의 개별적인 스타일 등등, 즉 작품의 전반적인 내용은 바로 이 액션 부분에 담기는 것이 보통이다. 화려한 화면 전개를 통한 액션의 제시는 물론, 작가(감독)가 의도한대로 한동안 길게 이어지는 움직임이 없는 정지 동작 또한 애니메이션 액션의 범주라는 사실을 잊지 말아야 한다.

잔여동작(cushion 혹은 secondary action) 애니메이션 동작을 보통 '앤틱-쿠션'에 의한 움직임(action)이라고 하는 말이 있다. 그만큼 액션을 시작하기 전의 예비동작과 액션이 끝나가는 지점에서의 잔여동작(후속동작 내지는 반동)이 중요하다는 의미이다. 골프공을 타격한 후의 골프채는 스윙했던 힘의 여분이 남아 한동안 어깨 선 뒤쪽으로 쭉 빠졌다가 제 위치로 돌아온다.

이와 같이 잔여동작은 일련의 행동이 마무리되고 남는 반작용을 보이며, 액션 뒤에 붙어 자연스럽게 애니메이션의 움직임을 종결하여 여운을 주는 표현 방법이다. 상대적으로 로봇 애니메이션에서는 의도적으로 잔여동작을 축소시켜 기계적 움직임의 파워를 강조하기도 하지만, 대부분의 애니메이션

동작에는 그 동작의 후속 조치가 꼭 필요하다. 부드러운 정지나 액션의 마감을 이끄는 잔여동작을 통해, 애니메이션 연출자는 대상(캐릭터)의 속성을 드러내는 내면의 감정이나 연출의 잔재미를 부여하기도 한다. 이로 말미암아 관객의 반응과 감정도 정리할 수 있게 되는 것이다.

새로운 테크닉의 등장

애니메이션은 움직임 이전에 우선 시각적 표현(만화, 그림, 인형, 점토, 컴퓨터그래픽 등), 즉 넓은 의미의 미술적 내용물이 필요하다. 애니메이션의 이런 시각적 기초 재료들은 거의 무한하다고 할 수 있다. 이 세상의 어떤 재료나 테크닉도 모두 사용이 가능하다. 정교하게 다듬은 시각 자료를 준비하기 위해서는 드로잉, 입체 공작, 컴퓨터 조작 등 다양한 기술들이 필요하다.

또, 이런 이미지들은 움직임을 얻기 위해 영상화되는 2차적인 가공이 필요하다. 즉, 필름에 옮기기나 비디오테이프에 기록하거나 디지털로 가공 처리해야 한다. 이 과정에서 애니메이션은 테크놀로지와의 결합이 불가피하게 된다. 시각적 기초 재료의 제작에다가 이를 영상으로 가공하는 기술의 결합 등, 테크닉의 지원이나 간섭은 애니메이션의 세계에서는 거의 무한대로 확장된다고 할 수 있다.

컴퓨터의 확산 등 영상관련 기술의 발전으로 현대 애니메이션은 전통적인 애니메이션의 작업방식을 넘어서 엄청난 기술혁신(innovative techniques)이 이루어지고 있다. 이제 컴퓨터 소프트웨어는 2D 디지털 애니메이션, 3D 컴퓨터 애니메이션이라는 한정된 영역에서만 사용되는 것이 아니라, 애니메이션 작가(혹은 현대 예술가)가 원하는 느낌과 이미지를 얻으려 할 때 통찰력을 제공하는 일반적인 수단이 된 지 오래되었다.

이러한 시대에 애니메이션을 제작하기 위해서 우리는 어떤 테크닉에 중심을 두어야 할까?

현대 애니메이션의 테크닉이 컴퓨터 소프트웨어와 일체가 되어 가는 것은 맞다. 그러나 한편으로는 다양한 재료와 기존의 기술적 방법을 동원하고 재해석하려는 사람들에 의해 애니메이션의 미래는 보다 넓은 폭을 갖는 것도 사실이다. 실제로 현대의 많은 애니메이션 작가들이 여전히 일반 애니메이션용 카메라 밑에서 유리판 위에 한 프레임씩 점토 작업을 실행하고 있다. 어떤 이는 필름에 직접 그리거나 스크래치를 내거나 고무도장을 찍는 작업에 열중한다. 또, 애니메이션 책상에서 작업하는 종이 애니메이션 작업이나 전통적인 방법인 로토스코핑 시스템을 사용하는 작업 등이 아주 사라진 것은 결코 아니다.

"나는 통상적으로는 웹 애니메이션 프로그램인 플래시를 이용하여 작업한다……(중략) 그러나 내가 원하는 장면을 만들기 위해서 작은 못으로 구멍을 내서 약한 빛으로 백라이트(투과광)를 준다든가, 이 35㎜ 필름을 약간 되감아 이중 노출도 해보았다. 이것 위에 무지 필름(clear leader film)을 겹치기도 하고, 한 번에 한 프레임씩 검정색(rapidograph)으로 몇 개의 선의 움직임을 따보기도 하였다. 뒤에 나는 그 필름의 뒷면에 색을 추가했다. 나는 새로운 기술을 시도하는 것을 사랑한다. 예산 부담 때문에 직접 한계도 느끼고 방해도 받지만, 그것이 또한 나를 창조적인 제작방식에 몰아넣기도 한다. 만약 내 영화를 '정상적'으로 만들었다면, 「판도라마」(2001) 같은 작품들은 결코 나오지 않았을 것이다."

현재 주목받고 있는 여성 애니메이션 감독 니나 펠리(Nina Paley)의 말이다.

현대의 애니메이션과 그와 관련된 테크닉은 니나 펠리 감독의 말에 다 들어있다. 통용되는 테크닉들을 결합(가령, 디지털 사진을 기초로 둘 이상의 미디어를 혼합할 수도 있다)하며, 전통적인 응용예술에서 축적되어 온 다양한 기법과 기능을 애니메이션 작업방식으로 소화하고 있는 것이다. 이때 우리를 돕는 것이 컴퓨터의 애니메이션 소프트웨어이다. 우리는 서로 다른 테크닉을 섞거나 합성해서 몇 가지 다른 프로그램으로 활용하기도 한다. 심지어 '믹싱이 모든 것이다(mixing is everything)!'

라는 말까지 생겨나고 있다.

애니메이션의 새로운 테크닉은 우리가 생각하기에 자기 작품이 상영되는 동안 관객들에게 주고 싶은 정서(감정)를 아주 정확하게 얻을 수 있다고 여겨지는 바로 그 테크닉을 사용하는 것에서부터 시작된다. 어쩌면 그래서 진짜로 특수하고 비범한 테크닉이란 이 세상에 없는 것인지도 모른다. 그것은 결국 어떤 식으로든 일상의 여러 재료를 가지고 벌이는 애니메이션 작가(감독)의 취사선택일 뿐이다. 여기서 애니메이션 작가는 다만 자기 작품이 일관성이 높은 경지로 유지되도록 최선을 다하는 것이다.

움직임을 그려내는 손, 애니메이터

애니메이터의 기본자세

애니메이션의 본질을 꿰차기 위해 애니메이터가 가져야 하는 기본자세에는 어떠한 것들이 있을까?

첫째, 애니메이터는 예술가의 자질과 동시에 테크니션의 자질을 함께 겸비해야 한다. 우리는 흔히 '끼'가 있어 애니메이션 계통에 입문했다는 얘기를 자주 듣는다. 그것은 예술적 재능을 가리키는 것이다. 그러나 재능이나 감각은 애니메이션을 하기 위해 필요한 조건이며 자양분일 수 있지만, 이것만으로는 충분하지 않다. 애니메이션에서 테크닉이 차지하는 비중이 매우 크기 때문이다. 애니메이션의 역사를 추적하다 보면 이

두 가지 자질이 조화되어 있을 때 훌륭한 애니메이션 작품도 탄생한다는 사실을 잘 알 수 있다. 감성(예술)과 기능(테크놀로지)이 결합되었을 때 비로소 새로운 형식(애니메이션 작품)의 창조가 가능하다는 말이다.

둘째, 애니메이터는 때때로 만화가로서의 재능이 필요하기도 하다. 여러분이 아는 만화가란 무엇인가? 간단한 선 몇 개로 명쾌한 성격을 지닌 주인공을 탄생시키는 사람들이 바로 만화가들이다. 여기에 과장과 생략이 기가 막히게 결합되어 한 번에 그 인물(캐릭터)의 의사와 감정을 감각적이고 정확하게 전달할 수 있게 된다. 애니메이터가 되려는 사람이 만화적 소질을 갖춘다면 캐릭터의 진수를 명확히 설정하는 데 큰 도움을 받을 수 있다. 아울러 만화 언어의 무진장한 보물창고는 다양한 애니메이션 언어로 번안할 수 있는 근거와 기회를 제공하기도 한다.

셋째, 움직임을 따라잡는 눈(시선)이 필요하다. 또한 그런 눈을 가질 수 있도록 훈련되어 있어야 한다. 주변에서 일어나는 실재 움직임을 1초 이하의 시간으로 분석해 보고자 해야 한다. 블랙홀과 같은 특별한 공간이 아닌 한, 어떤 공간에서든 움직이는 사물은 원형을 그대로 유지하면서 일정한 운동의 방향을 지닌다. 그것을 그대로 그림으로 시각화할 수 있어야 한다. 그래야만 애니메이션 화면에서의 움직임이 마치 살아있는 것처럼 보이기 때문이다.

넷째, 스토리 진행에 대한 극적 감각이 있어야 한다. 애니메이션은 영화처럼 시간의 흐름을 갖는 예술매체이다. 기승전결 즉, 드라마의 이야기 구조가 중요하다는 의미다. 작품 전체의 구성은 물론 한 장면(쇼트)이나 단락(시퀀스) 안에서도 어떻게 하면 드라마로서의 긴장과 맥을 놓치지 않고, 관객의 호흡을 끌고 갈 수 있는지 알고 있어야 한다. 때로는 단순한 하나의 움직임이 클라이맥스를 결정하는 데 도움을 준다.

다섯째, 동작구성 감각(a sense of mobile composition)이 뛰어나야 한다. 애니메이션은 제한된 스크린(프레임, 즉 화면) 안에서 벌어지는 여러 움직임을 배치하고, 전개시키는 예술이다. 미술에서 색감(a sense of color)이 중요하듯이 애니메이션에서는 동작을 구성하는 감각이 중요하다. 같은 동작의 움직임이라도 연출하는 애니메이터의 감각에 따라 얼마든지 다양한 표현이 가능하다. 이는 또 시대와 국가에 따라 얼마든지 변화할 수 있다. 디즈니 시대의 애니메이션과 드림웍스에서 만든 애니메이션이 다르고, 미국, 일본, 동유럽 애니메이션들이 서로 다르며, 「홍길동」(신동헌 감독, 1967년)과 「마리 이야기」(이성강 감독, 2002년)가 서로 다른 것은 이런 감각의 차이를 반영한다.

여섯째, 시간에 대한 음악가와 같은 감성이 필요하다. 결국 애니메이션 작업은 음악과 일치되려는 작업이기도 하다. 시간 예술이어서 그렇기도 하지만, 음악의 고저장단은 그대로 애니메이션의 움직임을 시각적으로 예고할 수 있는 기준이기 때문이다. 단순한 자벌레의 동작에도 오케스트라를 동원하여 배경음악을 삽입한 바 있는 디즈니 애니메이션의 교훈은 애니메이션에서 음악이 차지하는 역할과 비중을 단적으로 보여준다.

애니메이션 입문자의 준비

「쥬라기 공원」으로 유명한 스티븐 스필버그 감독에게 다음과 같은 질문을 했다. "그 많은 아이디어를 어디서 찾나요?" 그의 대답은 간단했다. "꿈!"이었다. 그렇다면 애니메이션을 하고 싶은 사람은 어떤 준비를 해야 할까? 사실 뚜렷한 정답은 없다. 그러나 아래의 준비들을 잊지 않고 해나간다면, 어느새 애니메이터가 된 자신을 발견하게 될 것이다.

준비1 애니메이션을 하려면 꿈을 많이 꿔야 한다. 다만, 그 꿈이 개꿈이든 돼지꿈이든 잊혀지지 않도록 보관하는 일이 중요하다. 당장 꿈 기록장을 준비하라. 그림일기 같은 드림 다이어리 말이다. 꿈은 시각적 전개과정이다. 애니메이션 역시 시각적 사고를 풀어가는 작업이다. 잠들기 전에 꿈을 기록할 수 있는 일기장을 누워서 손 뻗으면 닿을 수 있는 곳에 준비한다. 잠에서 깨자마자 기억이 흩어지기 전에 그 꿈의 그림을 그려놓자는 것이다. 낙서 형태도 좋고, 시각적 파노라마를 떠올릴 글이라도 좋다. 아마도 이 일기장은 나중에 아주 훌륭한 애니메이션 아이디어의 보물창고가 될 것이다. 「월레스 앤 그로밋」(닉 파크 감독)에 등장하는 주인공들의 캐릭터는 어린 시절의 낙서에서 유래된 것이었다.

준비2 그림에 재능이 없으면 애니메이션을 할 수 없다는 말은 맞다. 그러나 그림을 잘 그릴 수 있다는 것과 그림에 대한 재능이 있다는 것은 조금 다르다. 재능은 훈련될 수 있기 때문이다. 때로는 99%의 노력이 천재가 지닌 1% 영감을 압도하기도 한다. 특히, 애니메이션은 다수의 성실한 공동작업이 집약된 성과물이다. 그래서 실질적인 그림의 전문가들과 소통이 가능할 정도만큼의 기본은 갖추는 것이 좋고, 꾸준한 훈련을 통해서 그 자세를 다듬는 것이 필요하다. 기초적인 훈련방법 중 하나는 기존의 좋은 그림을 망쳐놓는 의식적인 낙서법이 있다. 모나리자에 수염을 그려 넣는 식이다. 그리고 이런 단순한 낙서 첨가를 좀더 몰고 나가는 것이다. 과장을 더해서 진부한 표현에 자신만의 창조성이 스며들 때까지 말이다. 이 과정 자체가 그대로 한 편의 짧은 애니메이션이 되기도 한다.

준비3 애니메이션 작품 중에서 명작이라고 칭하는 것들을 많이 봐야 한다. 그 작품이 왜 명작에 속하는지 이유가 설명될 때까지 말이다. 그 작품의 스타일을 따져보는 것도 중요하다. 화면 중 한 장면을 따서 그 복사물 위로 중심축을 이어 숨은 구도를 찾아보는 것이다. 후에 자신이 참여하는 애니메이션 화면의 구도 잡기와 틀(프레임) 정하기에 도움이 될 것이다. 어떤 것이 생략되어야 선이나 형태로 단순화되는지도 그려본다. 이런 단순화 과정을 통해 왜 애니메이션 작품의 표현 스타일이 서로 다른지가 밝혀진다. 배경의 중요성, 심리적인 색채 사용

등은 이런 훈련을 통해 깨우칠 수 있다. 자신이 가장 좋아하는 장면에서부터 시작한다면 더 많은 열정을 불러올 수 있을 것이다.

준비4 꼭 잊지 말아야 할 것은 애니메이션은 결국 움직임 속의 예술이란 점이다. 순차적으로 계획한 변화 과정을 단순하게라도 밟아가려는 태도가 중요하다. 애니메이터는 움직임을 따라잡는 눈을 가져야 한다. 운동의 방향과 눈의 위치가 각기 달라도 대상이나 캐릭터의 원형이 전달될 수 있도록 시각화하려는 자세, 이런 동적 구성감각이 유지되도록 자신에게 공력을 들여야 한다. 이것이 지켜지지 않으면 움직임의 예술인 애니메이션 자체가 성립되지 않기 때문이다.

참고작품

독일, 표현주의 극영화 「칼리가리 박사의 밀실」(로버트 비네 감독, 1919), 「메트로폴리스」(프리츠 랑 감독, 1926)

러시아, 「전함 포템킨」(세르게이 M. 에이젠슈테인 감독, 1925)

러시아, 단편 핀 스크린 애니메이션 「민둥산의 하룻밤」(알렉산더 알렉세이예프 감독, 1933)

러시아, 단편 「이야기 속의 이야기」(유리 놀슈테인 감독, 1979)

러시아, 단편 픽실레이션 「탱고」(1982)

러시아, 단편 「노인과 바다」(알렉산더 페트로프 감독, 2000)

미국, 초기 극영화 「국가의 탄생」(1915), 「인톨러런스」(이상 D.W 그리피스 감독, 1916)

미국, 단편 점토 「위대한 사람들The Great Cognito」(1981), 「크리스마스 선물」(윌 빈튼 감독, 1980)

미국, 단편 점토 「천지창조」(윌 빈튼 감독, 1981)

미국, 단편 「G.I. 조를 위한 노래」(그레고리 그랜트, 1990),

미국, 장편 2D기반 3D 컴퓨터합성 「미녀와 야수」(디즈니, 1991)

미국, 장편 극영화 「쥬라기 공원」(스티븐 스필버그 감독, 1993)

미국, 장편 인형 「크리스마스 이브의 악몽」(팀 버튼 감독, 1993)

미국, 장편/단편 「비비스와 벗헤드」(마이크 저지 감독, 1993)

미국, 장편 3D 컴퓨터 애니메이션 「토이스토리」(디즈니+픽사, 1995)

미국, 장편 3D 컴퓨터 애니메이션 「개미」(드림웍스, 1998)

미국, 장편 극영화 「매트릭스」(워쇼스키 형제 감독, 1999)

미국, 장편 애니메이션 「환타지아 2000」(디즈니, 1999)

미국, 장편 「타잔」(디즈니, 1999)

미국, 장편 2D 「돌연변이 외계인」(빌 플림톤 감독, 2000)

미국, 장편 3D 컴퓨터 애니메이션 「다이노소어」(디즈니, 2000)

미국, 단편 「웨이킹 라이프」(리처드 링클레이터 감독, 2001)
미국, 단편 「판도라마 Pandorama」(니나 필레 감독, 2001)
미국, 장편 극영화 「툼레이더」(사이먼 웨스트, 2001)
미국, 장편 애니메이션 「슈렉」(드림웍스, 2001)
미국, 장편 3D 컴퓨터 「몬스터 주식회사」(디즈니+픽사, 2002)
미국, 장편 극영화 「스파이더 맨」(샘 레이미, 2002)
미국, 단편 플래시「스테인보이」(팀 버튼 제작지휘)
미국, 단편 「포토카피 차 차」(첼 화이트 감독)
미국, 단편 퀘이(Quay) 형제의 단편들
미국, 장편 극영화 「스타워즈」시리즈
영국, 장편 「욤욤공주와 도둑」(리처드 일리암즈 감독, 1993)
영국, 단편 점토 「월레스 앤 그로밋」(닉 파크 감독)
이스라엘, 단편 모래 「비츠부츠」(질 알카베츠 감독)
일본, 단편 인형 「도성사」(카와모토 키하치로 감독, 1976)
일본, 장편 「메모리즈」(오오토모 가스히로 감독,1995)
일본, 장편 3D 「파이널 환타지」(히로노부 사카구치 감독, 2001)
일본, TV 시리즈 「그 남자 그 여자의 사정」(안노 히데야끼 감독)
중국, 단편 「올챙이 엄마 찾기」(터웨이 감독, 1960)
체코, 단편 인형 「한 여름밤의 꿈」(이지 트릉카 감독, 1959)
체코, 단편 「세 가지 차원의 대화」(얀 슈반크마이에르, 1982)
체코(합작), 단편 핀 스크린 애니메이션 「천사의 시간」(자크 드루앵/브제티슬라프 포야르, 1986)
캐나다, 단편 「이웃 *Neighbours*」(노만 맥래런 감독, 1952)
캐나다, 단편 「블링키티 블랭크」(노만 맥래런 감독, 1954)
캐나다, 단편 「거리」(캐롤라인 리프 감독, 1977),
캐나다/인도, 단편 오브제 「구슬게임」(이슈 파텔 감독, 1977)
캐나다, 단편 「나무를 심은 사람」(프레데릭 백 감독, 1987)
캐나다, 장편 2D 「사우스파크」(트레이 파커 감독, 1999)

프랑스, 초기 극영화 「기차의 도착」, 「물 뿌리는 사람」(이상 뤼미에르 감독, 1895)

프랑스, 초기 극영화 「달세계 여행」(멜리에스 감독, 1902)

프랑스, 초현실주의 극영화 「기계무용」(페르낭 레제 외, 1924)

프랑스, 장편 「프린스 앤 프린세스」(미셸 오슬로 감독, 1999)

한국, 장편 애니메이션 「홍길동」(신동헌 감독, 1967)

한국, 단편 점토 「아름다운 시절」(정창진 감독, 2000), 「애니콜 광고」(CM)

한국, 장편 애니메이션 「마리이야기」(이성강 감독, 2002)

각종 컴퓨터 애니메이션 광고(CM)

다양한 플래시 애니메이션들

모바일 광고 애니메이션 등

참고문헌

넬슨 신, 한창완 옮김, 『애니메이션 용어사전』, 한울, 2002.

데이비드 보드웰, 주진숙 외 옮김, 『영화예술』, 이론과실천, 1993.

마틴 리스티, 우선아 옮김, 『디지털시대의 사진 이미지』, 시각과 언어, 2000.

문화관광부, 『2001 문화산업백서』, 문화관광부, 2001.

베티 에드워드, 강은엽 옮김, 『오른쪽 두뇌로 그림그리기』, 도서 출판 미완, 1990.

Shamus Culhane, 송경희 옮김, 『애니메이션 제작』, 한국방송개발원, 1998.

안수철, 『만화연출』, 글논그림밭, 1996.

안종혁, 『Let's make 애니메이션』, 시공사, 2001.

이원곤, 『영상기계와 예술』, 현대미학사, 1996.

허버트 제틀, 박덕춘 외 옮김, 『영상제작의 미학적 원리와 방법』, 커뮤니케이션북스, 2002.

Andersen, Yvonne, *Make your own Animated Movies & Videotapes*, Little Brown, 1970.

Arijon, Daniel, *Grammar of the Film Lanuage*, Focal Press, 1976.

Bendazzi, Giannalberto, *Alexeieff*, Dreamland, 2001.

Bendazzi, Giannalberto, *Cartoons-One hundred years of cinema animation*, JL, 1994.

Craftton, Donald, *Before Mickey*, Massachusetts Institute of Technology, 1982.

Fraioli, James O., *Strroryboarding 101*, Michael Wiese Prod., 2000.

Furniss, Maureen, *Art in Motion,* Animation Aesthetics, JL. 1998.

Halas, John, *The Contemporary Animator*, Focal Press, 1990.

Harold, Whitaker & Halas, John, *Timing for Animation*, Focal Press, 1981.

Katz, Staven D., *Film Directing shot by shot*, Michael Wiese Prod., 1991.
Laybourne, Kit, *The Animation Book*, Crown, 1979.
Locke, Lafe, *Film Animation Techniques*, Betterway Books, 1992.
McCloud, Scott, *Understanding Comics*, Kitchen Sink, 1993.
Muybridge, Eadweard, *Human & Animal Locotion*, Dover, 1979.
Noake, Roger, *Animation Technique*, Chartwell Book, 1988.
Solomon, Charles, *The History of Animation*, Alfred Knops, 1989.
Thomas, Bob, *The art of Animation*, Simon & Schuster, 1958.
Thomas, Frank, *The Illusion of Life*, W. Disney Pro., 1981.
Wells, Paul, *Understanding Animation*, Routledge, 1998.
Williams, Richard, *The Animator's Survival Kit*, Faber & Faber, 2001.

애니메이션의 장르와 역사

펴낸날 초판 1쇄 2003년 7월 30일
초판 4쇄 2014년 10월 10일

지은이 이용배
펴낸이 심만수
펴낸곳 (주)살림출판사
출판등록 1989년 11월 1일 제9-210호

주소 경기도 파주시 광인사길 30
전화 031-955-1350 팩스 031-624-1356
기획 · 편집 031-955-4671
홈페이지 http://www.sallimbooks.com
이메일 book@sallimbooks.com

ISBN 978-89-522-0116-7 04080

※ 값은 뒤표지에 있습니다.
※ 잘못 만들어진 책은 구입하신 서점에서 바꾸어 드립니다.

054 재즈 eBook

최규용(재즈평론가)

즉흥연주의 대명사, 재즈의 종류와 그 변천사를 한눈에 알 수 있도록 소개한 책. 재즈만이 가지고 있는 매력과 음악을 소개한다. 특히 초기부터 현재까지 재즈의 사조에 따라 변화한 즉흥연주를 중심으로 풍부한 비유를 동원하여 서술했기 때문에 재즈의 역사와 다양한 사조의 특징을 쉽게 이해할 수 있다.

255 비틀스 eBook

고영탁(대중음악평론가)

음악 하나로 세상을 정복한 불세출의 록 밴드. 20세기에 가장 큰 충격과 영향을 준 스타 중의 스타! 비틀스는 사람들에게 꿈을 주었고, 많은 젊은이들의 인생을 바꾸었다. 그래서인지 해체한 지 40년이 넘은 지금도 그들은 지구촌 음악팬들의 많은 사랑을 받고 있다. 비틀스의 성장과 발전 모습은 어떠했나? 또 그러한 변동과정은 비틀스 자신들에게 어떤 의미였나?

422 롤링 스톤즈 eBook

김기범(영상 및 정보 기술원)

전설의 록 밴드 '롤링 스톤즈'. 그들의 몸짓 하나하나는 우리가 생각하는 것보다 훨씬 더 탁월한 수준의 음악적 깊이, 전통과 핵심에 충실하려고 애쓴 몸부림의 흔적들이 존재한다. 저자는'롤링 스톤즈'가 50년 동안 추구해 온 '진짜'의 실체에 다가가기 위해 애쓴다. 결성 50주년을 맞은 지금도 구르기(rolling)를 계속하게 하는 힘. 이 책은 그 '힘'에 관한 이야기다.

127 안토니 가우디 아름다움을 건축한 수도사 eBook

손세관(중앙대 건축공학과 교수)

스페인의 세계적인 건축가 가우디의 삶과 건축세계를 소개하는 책. 어느 양식에도 속할 수 없는 독특한 건축세계를 구축하고 자연과 너무나 닮아 있는 건축가 가우디. 이 책은 우리에게 건축물의 설계가 아닌, 아름다움 자체를 건축한 한 명의 수도자를 만나게 해준다.

131 안도 다다오 건축의 누드작가

eBook

임재진(홍익대 건축공학과 교수)

일본이 낳은 불세출의 건축가 안도 다다오! 프로복서와 고졸학력, 독학으로 최고의 건축가 반열에 오른 그의 삶과 건축, 건축철학에 대해 다뤘다. 미를 창조하는 시인, 인간을 감동시키는 휴머니즘, 동양사상과 서양사상의 가치를 조화롭게 빚어낼 줄 아는 건축가 등 그를 따라다니는 수식어의 연원을 밝혀 본다.

207 한옥

eBook

박명덕(동양공전 건축학과 교수)

한옥의 효율성과 과학성을 면밀히 연구하고 있는 책. 한옥은 주위의 경관요소를 거르지 않는 곳에 짓되 그곳에서 나오는 재료를 사용하여 그곳의 지세에 맞도록 지었다. 저자는 한옥에서 대들보나 서까래를 쓸 때에도 인공을 가하지 않는 재료를 사용하여 언뜻 보기에는 완결미가 부족한 듯하지만 실제는 그 이상의 치밀함이 들어 있다고 말한다.

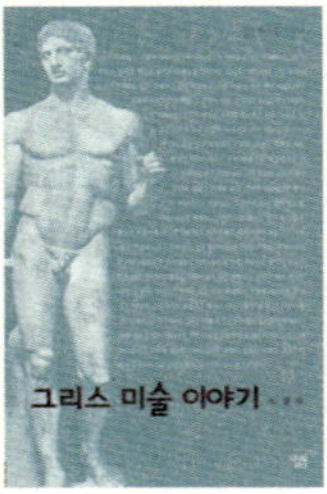

114 그리스 미술 이야기

eBook

노성두(이화여대 책임연구원)

서양 미술의 기원을 추적하다 보면 반드시 도달하게 되는 출발점인 그리스의 미술. 이 책은 바로 우리 시대의 탁월한 이야기꾼인 미술사학자 노성두가 그리스 미술에 얽힌 다양한 이야기를 재미있게 풀어놓은 이야기보따리이다. 미술의 사회적 배경과 이론적 뿌리를 더듬어 감상과 해석의 실마리에 접근하는 또 다른 시각을 제공하는 책.

382 이슬람 예술

eBook

전완경(부산외대 아랍어과 교수)

이슬람 예술은 중국을 제외하고 가장 긴 역사를 지닌 전 세계에 가장 널리 분포된 예술이 세계적인 예술이다. 이 책은 이슬람 예술을 장르별, 시대별로 다룬 입문서로 이슬람 문명의 기반이 된 페르시아 · 지중해 · 인도 · 중국 등의 문명과 이슬람교가 융합하여 미술, 건축, 음악이라는 분야에서 어떻게 표현되었는지 설명한다.

417 20세기의 위대한 지휘자

eBook

김문경(변리사)

뜨거운 삶과 음악을 동시에 끌어안았던 위대한 지휘자들 중 스무 명을 엄선해 그들의 음악관과 스타일, 성장과정을 재조명한 책. 전문 음악칼럼니스트인 저자의 추천음반이 함께 수록되어 있어 클래식 길잡이로서의 역할도 톡톡히 한다. 특히 각 지휘자들의 감각 있고 개성 있는 해석 스타일을 묘사한 부분은 이 책의 백미다.

164 영화음악 불멸의 사운드트랙 이야기

eBook

박신영(프리랜서 작가)

영화음악 감상에 필요한 기초 지식, 불멸의 영화음악, 자신만의 세계를 인정받는 영화음악인들에 대한 이야기를 담았다. 〈시네마천국〉〈사운드 오브 뮤직〉 같은 고전은 물론, 〈아멜리에〉〈봄날은 간다〉〈카우보이 비밥〉 등 숨겨진 보석 같은 영화음악도 소개한다. 조성우, 엔니오 모리꼬네, 대니 앨프먼 등 거장들의 음악세계도 엿볼 수 있다.

440 발레

eBook

김도윤(프리랜서 통번역가)

〈로미오와 줄리엣〉과 〈잠자는 숲속의 미녀〉는 발레 무대에 흔히 오르는 작품 중 하나다. 그런데 왜 '발레'라는 장르만 생소하게 느껴지는 것일까? 저자는 그 배경에 '고급예술'이라는 오해, 난해한 공연 장르라는 선입견이 존재한다고 지적한다. 저자는 일단 발레라는 예술 장르가 주는 감동의 깊이를 경험하기 위해 문 밖을 나서길 원한다.

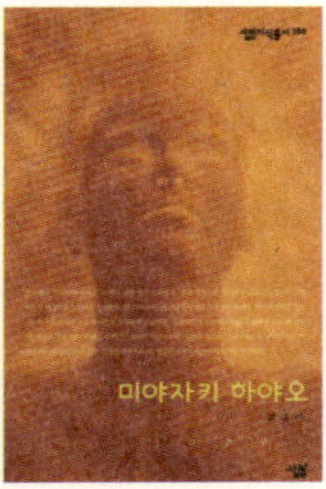

194 미야자키 하야오

eBook

김윤아(건국대 강사)

미야자키 하야오의 최근 대표작을 통해 일본의 신화와 그 이면을 소개한 책. 〈원령공주〉〈센과 치히로의 행방불명〉〈하울의 움직이는 성〉이 사랑받은 이유는 이 작품들이 가장 보편적이면서도 가장 일본적인 신화이기 때문이다. 신화의 세계를 미야자키 하야오의 작품과 다양한 측면으로 연결시키면서 그의 작품세계의 특성을 밝힌다.

예술

eBook 표시가 되어있는 도서는 전자책으로 구매가 가능합니다.

019 애니메이션의 장르와 역사 | 이용배 eBook
043 캐리커처의 역사 | 박창석
044 한국 액션영화 | 오승욱 eBook
045 한국 문예영화 이야기 | 김남석 eBook
046 포켓몬 마스터 되기 | 김윤아 eBook
054 재즈 | 최규용 eBook
055 뉴에이지 음악 | 양한수 eBook
063 중국영화 이야기 | 임대근
064 경극 | 송철규 eBook
091 세기의 사랑 이야기 | 안재필 eBook
092 반연극의 계보와 미학 | 임준서 eBook
093 한국의 연출가들 | 김남석 eBook
094 동아시아의 공연예술 | 서연호 eBook
095 사이코드라마 | 김정일
114 그리스 미술 이야기 | 노성두 eBook
120 장르 만화의 세계 | 박인하 eBook
127 안토니 가우디 | 손세관 eBook
128 프랭크 로이드 라이트 | 서수경 eBook
129 프랭크 게리 | 이일형
130 리차드 마이어 | 이성훈 eBook
131 안도 다다오 | 임채진 eBook
148 위대한 힙합 아티스트 | 김정훈
149 살사 | 최명호
162 서양 배우의 역사 | 김정수
163 20세기의 위대한 연극인들 | 김미혜
164 영화음악 | 박신영 eBook
165 한국독립영화 | 김수남
166 영화와 샤머니즘 | 이종승
167 영화로 보는 불륜의 사회학 | 황혜진 eBook
176 테마로 보는 서양미술 | 권용준 eBook
194 미야자키 하야오 | 김윤아 eBook
195 애니메이션으로 보는 일본 | 박규태 eBook
203 영화로 보는 태평양전쟁 | 이동훈 eBook
204 소리의 문화사 | 김토일 eBook
205 극장의 역사 | 임종엽 eBook
206 뮤지엄건축 | 서상우 eBook
207 한옥 | 박명덕 eBook
208 한국만화사 산책 | 손상익
209 만화 속 백수 이야기 | 김성훈
210 코믹스 만화의 세계 | 박석환
211 북한만화의 이해 | 김성훈 · 박소현
212 북한 애니메이션 | 이대연 · 김경임
213 만화로 보는 미국 | 김기홍 eBook
255 비틀스 | 고영탁
270 르 코르뷔지에 | 이관석
313 탱고 | 배수경
314 미술경매 이야기 | 이규현
347 플라멩코 | 최명호
381 샹송 | 전금주
382 이슬람 예술 | 전완경 eBook
387 루이스 칸 | 김낙중 · 정태용 eBook
388 톰 웨이츠 | 신주현 eBook
416 20세기를 빛낸 극작가 20인 | 백승무 eBook
417 20세기의 위대한 지휘자 | 김문경 eBook
418 20세기의 위대한 피아니스트 | 노태헌 eBook
419 뮤지컬의 이해 | 이동섭 eBook
422 롤링 스톤즈 | 김기범 eBook
440 에로스의 예술, 발레 | 김도윤 eBook
451 동랑 유치진 | 백형찬 eBook

(주)살림출판사
www.sallimbooks.com
주소 경기도 파주시 문발동 522-1 | 전화 031-955-1350 | 팩스 031-955-1355